T0145916

ŒUVRES

DE

ROBERT DE MELUN

Tome I

QUESTIONES DE DIVINA PAGINA

UNIVERSITÉ CATHOLIQUE
ET COLLÈGES THÉOLOGIQUES O. P. ET S. J. DE LOUVAIN

SPICILEGIUM SACRUM LOVANIENSE
ÉTUDES ET DOCUMENTS
FASCICULE 13

RAYMOND M. MARTIN, O. P.
MAÎTRE EN THÉOLOGIE

ŒUVRES

DE

ROBERT DE MELUN

TOME I

QUESTIONES DE DIVINA PAGINA

TEXTE INÉDIT

LOUVAIN
« SPICILEGIUM SACRUM LOVANIENSE »
BUREAUX
RUE DE NAMUR, 40

1932

B. 3.

INTRODUCTION

Le nom de Robert de Melun nous reporte à une époque fameuse dans l'histoire, au siècle de saint Bernard et de Pierre Abélard.

L'université de Paris n'est pas encore, mais l'école de Saint-Victor rivalise de gloire avec celle du cloître de Notre-Dame ; et l'une et l'autre risquent d'être éclipsées par l'école de Sainte-Geneviève, où se presse une jeunesse estudiantine accourue du tous les coins de l'Europe. La vie intellectuelle est intense. En philosophie, nominalistes et réalistes se disputent la palme. La méthode dialectique est appliquée à l'explication du dogme. Les doctrines théologiques sont systématisées dans des œuvres impérissables. Guillaume de Champeaux, Hugues de Saint-Victor, Gilbert de la Porrée remuent les écoles et l'Église (1).

Robert de Melun après avoir été le disciple des maîtres les plus renommés devint bientôt leur collègue.

La personne de ce maître est restée jusqu'à nos jours dans l'ombre. Son œuvre doctrinale a été trop peu considérée au cours des siècles. Depuis quelques années elle arrête davantage l'attention des philosophes, surtout des théologiens et des historiens, avec ce résultat qu'une édition critique de ses œuvres est vivement désirée. Pour notre part, nous sommes vivement convaincu que ces œuvres, mieux connues, éclaireraient d'une belle lumière toute la période en certains points

---

(1) Cfr B. HAURÉAU, *De la philosophie scolastique*, t. I, Paris, 1850, p. 22, 210, 267, 287. H. DENIFLE, O. P., *Die Universitäten des Mittelalters*, t. I, Berlin, 1885, p. 655-682. E. VACANDARD, *Vie de saint Bernard*, t. II, Paris, 1920, p. 106-180. G. ROBERT, *Les écoles et l'enseignement de la théologie pendant la première moitié du* XIIe *siècle*, Paris, 1909, p. 13. J. DE GHELLINCK, S. I., *Le mouvement théologique du* XIIe *siècle*, Paris, 1914, p. 94, 169. UEBERWEG-GEYER, *Die patristische und scholastische Philosophie*, Berlin, 1928, p. 213, 238, 261.

encore bien obscure, de 1125 à 1175, disons d'Abélard à Pierre de Poitiers.

Nous entreprenons dans ces pages l'exécution d'un projet envisagé depuis longtemps, mais qui a été retardée par divers incidents totalement imprévus. Nous offrons au public studieux une édition de la première œuvre théologique de Robert de Melun.

Présentons d'abord l'auteur lui-même.

I. — ESQUISSE BIOGRAPHIQUE

Robert de Melun naquit en Angleterre (1). On ne connaît ni le lieu ni la date de sa naissance ; mais il est assez probable qu'il vit le jour dans les dernières années du XIe siècle. Très probablement aussi il étudia d'abord à Oxford, et vint poursuivre et achever sa formation intellectuelle à Paris. Ses goûts pour les sciences furent tels, qu'ils le décidèrent à consacrer sa vie tout entière aux études et à l'enseignement.

L'histoire nous montre pour la première fois Robert de Melun comme professeur à la *Schola artium* de la montagne Sainte-Geneviève, vers 1137 (2). Abélard avait quitté sa chaire pour se rendre, en 1140, au synode de Sens et n'eut plus à reprendre ses leçons (3).

Robert y succéda à Abélard. Jean de Salisbury, qui suivit ses leçons pendant deux ans, nous a laissé quelques détails touchant son enseignement. Robert lui donna les premiers

---

(1) On trouve des notices biographiques de Robert de Melun dans la *Nouvelle Biographie nationale,* article de B. HAURÉAU, t. XLII (1852), p. 375 ; le *Kirchenlexicon,* 2e édit., art. de FR. MORGOTT, t. X, 1222-1224 ; le *Dictionary of national Biography,* art. de C. L. KINGSFORD, vol. XLVIII, p. 366-368. Nous les avons complétées ou corrigées pour certains points.

(2) Cfr JEAN DE SALISBURY, *Metalogicon,* libr. II, cap. X ; édit. C. WEBB, Oxford, 1929, p. 78. Qu'Abélard a quitté Sainte-Geneviève en 1137, est démontré par les Éditeurs de Quaracchi, *P. Lombardi Libri IV Sententiarum,* 1916, t. I, p. XII, note 2. Vu le témoignage si net de Jean de Salisbury, on est surpris de lire dans le *Dictionary of national Biography, loc. cit.,* et dans C. SCHAARSCHMIDT, *J. Saresberiensis,* p. 72 : « it has been conjectured that he (Robert) was the successor of William of Champeaux in the schools at Notre-Dame at Paris ».

(3) Au sujet de la date du concile de Sens, cfr ROBERT D'AUXERRE, *Chronicon,* ad ann. 1140 ; MGH, XXVI, 235. E. VACANDARD, *Revue des questions historiques,* 1891, p. 235-245.

éléments du *Trivium*, et s'acquitta de sa tâche avec tant de puissance et d'habileté que son jeune élève connut sa matière à la dernière perfection. Robert se distingua à Sainte-Geneviève par la perspicacité de son intelligence. Il n'était jamais arrêté par un problème. Il excellait à distinguer et à préciser les sens divers que pouvait présenter une question, et à donner, en conséquence, des modes divers de solutions. Il était prompt, bref et clair dans ses réponses. C'était un esprit chercheur, tenace à l'étude, original dans l'exposé de ses idées (1). Grâce encore à Jean de Salisbury nous savons que Robert n'est pas demeuré étranger à l'introduction d'Aristote dans l'enseignement des Arts. En dépit de certains de ses auditeurs, qui se plaisaient à rabaisser l'utilité de cet ouvrage, il expliquait dans ses cours les *Topiques* du Philosophe (2).

Robert demeura-t-il longtemps à Sainte-Geneviève ? Fut-il novateur en dialectique et créa-t-il une école particulière, une secte ? Jean de Salisbury insinue qu'il aimait à s'applaudir d'avoir trouvé des théories nouvelles ; mais je ne sais s'il faut appliquer à Robert de Melun ces rimes de Godefroid de Saint-Victor :

> « Herent saxi vertice turbe robertine
> Saxee duritie vel adamantine
> Quos nec rigat pluvia nec ros doctrine...» (3)

Certains faits permettent de conclure que Robert ne séjourna pas longtemps à Sainte-Geneviève. Il quitta bientôt Paris pour Melun, et cessa, peu après, de professer la dialectique pour s'adonner à l'enseignement de la théologie.

Robert tient son surnom de l'école qu'il a dirigée à Melun. Melun était, à cette époque, une ville importante. Elle était le siège d'un évêché, et le roi et la cour y résidaient pendant une certaine partie de l'année. Située non loin de Paris, son école pouvait être considérée comme une extension de la

---

(1) JEAN DE SALISBURY, *Metalogicon*, lib. II, cap. X (édit. cit., p. 78-79).

(2) *Ibidem* (édit. cit., p. 191).

(3) Cfr *Fons philosophie*, Bibliothèque Mazarine, à Paris, cod. lat. 1002, fol. 151*r*. Cet ouvrage a été édité par Charma, à Caen, 1868. Voir aussi MIGNE, PL, CXCVI, 1420.

(4) ABÉLARD, *Historia calamitatum* (epist. I), cap. II ; PL, CLXXVIII, 116 B, et note 15, et 120 B.

Mét opole des Arts et des Sciences. Ériger une chaire d'enseignement à Melun n'était pas, d'ailleurs, du temps de Robert, une nouveauté. Abélard nous raconte, comment « enfant encore » il dressa à Melun, en 1102, à 23 ans, une chaire de dialectique, rivale de celle de Guillaume de Champeaux à Paris, et quels succès y couronnèrent sa témérité. Il y revint plus tard, vers 1110, quelque temps avant de fonder à Paris l'école Sainte-Geneviève. Jean de Salisbury, dans ses satires *de Melidunensibus*, nous fait supposer qu'il existait de son temps, à Melun, une école bruyante de philosophie, qui se donnait pour tâche de corriger les erreurs d'Abélard (1). Dans une chronique du XIIe siècle, il est question d'un groupe de dialecticiens de Melun, dont certaines théories sur le syllogisme ont trouvé de chauds partisans à la fameuse abbaye de Bury St-Edmund (2). Jean de Salisbury et Jocelin visaient-ils l'école de Robert ? Quoi qu'il en soit, Robert a dû s'établir à Melun vers 1142 et assurer en peu d'années à son enseignement théologique un grand renom (3). Il y compta parmi ses élèves Jean de Cornouailles.

Nous le trouvons en 1148 au concile de Reims, où de concert avec Pierre Lombard, le chef de l'école Notre-Dame à Paris, il s'attaque avec vigueur et finesse à certaines théories

---

(1) Jean de Salisbury, *Entheticus de dogmate philosophorum* ; PL, CXCIX, 5965 C.

(2) Jocelin de Brakelonda, *Chronica*, cap. 25 *(Memorials of St. Edmund's Abbey, (Rolls Series)*, édit. Th. Arnold, T. I, p. 240). Jocelin y dit à l'abbé Samson : « Duo sunt que multum miror de vobis... Unum est, quod adhuc in tali statu fovetissent entiam Melidunensium, dicentium ex falso nichil sequi, et caetera frivola. » Jean de Salisbury rapporte cette théorie dans *Metalogicon*, libr. IV. cap. 5 ; édit. Cl. C. I. Webb, p. 169.

(3) L'appréciation donnée plus tard (1166) par Jean de Salisbury *(Epistula* CLXXXIII ; PL, *loc. cit.*, 183), et qui ne fait que modifier un mot du poète Lucain, — *stat magni nominis umbra*, — appliqué par Abélard (*Hist. calamitatum*, cap. III ; PL, CLXXVIII, 123) à Anselme de Laon, — semble atténuer la vérité des choses, en raison même des circonstances. Dans la même lettre (col. 186), Jean de Salisbury prétend avoir su de ceux qui connaissaient intimement Robert, que, comme professeur, il briguait les éloges et la gloire, autant qu'il méprisait l'argent. La soif de l'argent et l'ambition des honneurs étaient deux défauts qu'on reprochait à beaucoup de maîtres de cette époque. Cfr G. Robert, *Les écoles et l'enseignement de la théologie pendant la première moitié du XIIe siècle*, p. 61.

de Gilbert de la Porrée (1). Le fait que Robert fut appelé à ce synode, au même titre que le Lombard, démontre que l'école théologique de Robert de Melun rivalisait avec l'école fameuse de la Cathédrale. Il est même avéré qu'en fait de sûreté doctrinale et d'orthodoxie l'école de Robert surpassa en plus d'un point celle de Pierre Lombard. Visant les controverses christologiques de l'époque, Jean de Cornouailles relate que les maîtres Robert de Melun et Maurice de Sully, dans leurs leçons et discussions, prenaient souvent à partie les théories de Pierre Lombard et en démontraient la fausseté et l'erreur (2).

Robert n'occupa-t-il une chaire théologique qu'à Melun, ou revint-il après quelques années enseigner derechef à Paris ? Ne faut-il pas rapporter ces derniers détails à l'enseignement de Robert à Paris ? Nous ne connaissons ni faits ni témoignages qui permettent de l'établir d'une manière certaine. Mais une lettre qu'écrivirent plus tard à Robert l'Abbé et le prieur de Saint-Victor, nous amène à conclure que l'illustre docteur occupa pendant les dernières années de sa carrière scolaire une chaire de théologie à Saint-Victor (3). Cette lettre, en effet, fait allusion à l'enseignement de Robert et aux sentiments que témoignent à son égard ses auditeurs d'antan et les chanoines de Saint-Victor. Le ton de fermeté et de noble franchise sur lequel elle est écrite, certaines déclarations même, ne peuvent s'expliquer, nous semble-t-il, à moins d'admettre que Robert fut durant quelque temps à Saint-Victor comme professeur de théologie.

Robert quitta Paris pour l'Angleterre vers l'année 1160. On pourrait croire que ce départ du continent était dû à son initiative personnelle. Il n'en est rien. Sur les conseils de Thomas Becket, alors chancelier du royaume, Robert fut rappelé en Angleterre par le roi Henri II, désireux de garder

---

(1) Cfr JEAN DE SALISBURY, *Historia Pontificalis* ; édit. R. POOLE, Oxford, 1927, p. 17. E. VACANDARD, *Vie de saint Bernard*, t. II, Paris, 1920, p. 185.

(2) JEAN DE CORNOUAILLES, *Eulogium*, cap. IV (PL, CXCII, 1055A).

(3) Cette lettre semble avoir été écrite à l'instigation de Jean de Salisbury. Cfr *Epistula* CLXXXIII ; PL, CXCIX, 186. Elle est éditée parmi les *Lettres* de saint Thomas de Cantorbéry ; PL, CXC, 687, 688, et en tête des *Lettres* de Richard de Saint-Victor ; PL, CXCVI, 1225.

pour son pays les hommes capables de servir les causes supérieures qu'il avait charge de promouvoir (1).

Nous retrouvons Robert à Oxford. D'une lettre que lui adresse Gilbert, depuis 1161 évêque de Londres, il appert que l'ancien professeur de Paris y remplit les fonctions d'archidiacre (2). En cette qualité, Robert représentait dans la cité universitaire l'évêque de Lincoln. D'après le P. Pelster, Robert aurait même repris à Oxford ses leçons de théologie (3). Nonobstant les raisons alléguées par l'auteur, le fait demeure discutable.

Cependant, le grand âge de Robert et les services qu'il avait déjà rendus à l'Église ne pouvaient le prémunir contre des charges plus importantes et des honneurs plus onéreux. En effet, l'Église de Hereford le choisit bientôt après pour son chef, et l'évêque de Londres, Gilbert Folioth, jadis évêque de Hereford, s'empressa d'écrire au pape Alexandre III de vouloir confirmer ce choix (4). De fait, Robert fut ordonné prêtre le 1er janvier 1163, consacré évêque le 22 décembre de la même année, à Cantorbéry, par Thomas Becket, archevêque de Cantorbéry, et occupa dès lors le siège d'Hereford (5).

Les contemporains exaltent les rares mérites du nouveau pontife, la grande sainteté de sa vie, sa profonde science des choses divines et humaines, les lumières de doctrine qu'il a répandues dans toute l'Église (6). Hélas ! la carrière de Robert

---

(1) Cfr WILL. FILIUS STEPHANI, *Vita S. Thomae Cantuariensis episcopi* ; PL, CXC, 117 : « Item, cancellario Thoma suggerente, pauperes Angligenas morantes in Galliis, quos fama celebrabat bonos, vel monachum in religione, vel magistrum in studio, rex revocabat, et tales in regno suo plantabat personas ; ut magistrum Robertum de Meliduno in episcopali ecclesia Herefordiae, Willelmum monachum sancti Martini de Campis in abbatia Rameseiae. »

(2) Cfr GILBERT FOLIOTH, *Epist.* CCVIII ; PL, CXC, 911, et WILL. FILIUS STEPHANI, *Vita S. Thomae* ; PL, CXC, 131D.

(3) FR. PELSTER, *Literargeschichtliche Beiträge zu Robert von Melun*, dans *Zeitschrift für kathol. Theologie*, t. LIII, 1929, p. 577-578.

(4) GILBERT FOLIOTH, *Epist.* CLXIX ; PL, CXC, 873.

(5) Cfr GERVASE DE CANTORBÉRY, *Historical Works*, édit. W. STUBBS, *Rolls Series*, 1879-1880, 2 vol. *Chronica*, I, 176.

(6) Cfr GILBERT FOLIOTH, *Epist.* CLXIX, PL, CXC, 873 : « Quantis enim virtutum insignibus Herefordiensis electus effulgeat, fama loquitur, probat opi-

comme évêque, fut loin d'être aussi brillante que sa carrière professorale. Henri II, roi d'Angleterre, portait alors atteinte aux libertés et aux droits de l'Église, et était en lutte avec Thomas Becket. L'évêque de Hereford, au lieu d'embrasser résolument la cause de l'archevêque de Cantorbéry, qui devait être la sienne, se laissa séduire par l'appât des richesses et s'il ne fut ouvertement du parti de l'opposition, il dissimula les maux de l'Église et ne soutint guère l'œuvre de Thomas Becket. Celui-ci adressa à Robert une lettre touchante, dans laquelle il appelle le vieil évêque son fils premier-né, et se plaint amèrement de son inaction et de sa négligence et l'exhorte au dévouement envers l'Église (1).

Au concile de Northampton, tenu en octobre 1164, et où Thomas Becket essaya vainement de ramener le roi à de meilleurs sentiments, Robert d'Hereford se trouva avec d'autres évêques à côté d'Henri II, et ne semble guère être entré dans les vues de l'archevêque de Cantorbéry (2).

Le 7 décembre 1165 Robert est chargé par le pape Alexandre III d'une mission auprès d'Henri II. Robert, en effet, alla trouver en compagnie de l'évêque de Londres, Gilbert Folioth, le roi, à la tête de ses troupes, au pays de Galles (3).

---

nio, una in ore omnium testatur assertio, qui Robertum Oxoniensium archidiaconum omnes aetatis suae gradus adeo innocenter et honeste percurrisse denuntiant, ut ei vel in modico nunquam fama detraxerit, conversationem ejus sinister rumor nullatenus obfuscare potuerit, aut pravitatis eloquio denigrare. » HERBERT DE BOSENHAM, *Vita S. Thomae*, libr. III, cap. 16 ; PL, CXC, 1125 : « Hic quippe doctor magnus tam vita quam scientia, tanquam luminare magnum per universum ecclesiarum orbem erat rutilans, et discipulorum multitudinem eruditam tanquam varios per orbem lucis suae radios a se emittens ». Cfr aussi *ibid.*, col. 1153.

(1) Cfr S. THOMAS DE CANTORBÉRY, *Epist.* CXXIII ; PL, CXC, 596, 597, 598.

(2) HERBERT DE BOSENHAM, *Vita S. Thomae*, libr. III, cap. 16 ; PL, CXC, 1153. WILL. FILIUS STEPHANI, *S. Thomae Cantuar. Archiep. Vita* ; PL, *loc. cit.*, 139. L'auteur y prête à Robert de Melun ce propos qu'il caractérise comme une *lacrymabilis quaestio* : « Si contingat, quod absit ! Dominum archiepiscopum in hac causa pro libertate Ecclesiae occidi, numquid martyrem eum habebimus ? Pro matre fide occumbere est esse martyrem. » J. A. GILES, *Saint Thomas Becket*, adapt. par M. G. DARBOY, t. II, Paris 1858, p. 17.

(3) Cfr ROGER DE HOVEDEN, édit. des *Rolls Series*, t. I, p. 243, 245. J. A. GILES, *op. cit.*, p. 77.

Thomas Becket, quittant brusquement le concile de Northampton, s'était exilé depuis 1164 à Pontigny. Le 25 janvier 1164, il confie à Robert et à Roger, évêque de Worcester, le soin de faire part à l'évêque de Londres de sa nomination de Légat pour toute l'Angleterre, excepté le diocèse d'York (1).

Plus tard, Robert semble s'être rallié aux sentiments et aux vues de l'archevêque de Cantorbéry. A la fin de l'année 1166, Thomas Becket le pria de venir le rejoindre en France, et en janvier 1167 Robert se trouva à Southampton avec l'intention de passer secrètement la mer. Mais il fut arrêté dans son dessein par Jean d'Oxford qui, au nom du roi, le retint en Angleterre. Robert en fut profondément chagriné, retourna à Hereford, et mourut peu de temps après, le 27 février 1167 (2).

Il fut enterré dans la cathédrale d'Hereford. Une tombe érigée dans la nef latérale, à droite du chœur, le rappelle au souvenir du passant.

II. — APERÇU SUR LES ŒUVRES DE ROBERT

I. — ÉNUMÉRATION

Aucun des écrits qui résument son enseignement à l'école des Arts Libéraux n'est parvenu jusqu'à nous. Ces notes ou commentaires ont dû disparaître assez tôt de la circulation, car on n'en trouve pas trace dans les anciens catalogues, et les auteurs contemporains n'en font pas mention.

Trois ouvrages de théologie, — en comprenant ce mot dans le sens qu'on lui prêtait au XIIe siècle, — sont attribués à Robert sans contestation. Ce sont : *Questiones de divina pagina*, *Questiones de epistolis Pauli*, *Sententie*. Ils sont d'ampleur et de valeur inégales. Le premier fait l'objet de cette édition. Le deuxième est un commentaire sur saint Paul. Le troisième constitue une très vaste Somme de théologie, élaborée suivant le plan du *De sacramentis* de Hugues de Saint-Victor, mais

(1) Cfr S. Thomas de Cantorbéry, *Epist.* CXXIV ; PL, 598-599. J. A. Giles, *op. cit.*, p. 91.
(2) *Materials for the history of Th. Becket*, VI, 74, 151. *Dict. of national Biography*, vol. XLVIII, p. 368.

en progrès sur cette œuvre, tant au point de vue de la méthode qu'au point de vue de l'exposé et de la critique des doctrines.

Certains auteurs n'ont pas remarqué que dans cette énumération il s'agit de trois ouvrages tout à fait distincts. Oudin (1), B. Hauréau (2), et Fr. Picavet (3) ont confondu les *Questiones de divina pagina* avec les *Sentences*, et récemment encore Arthur Landgraf en parlant de ce dernier ouvrage citait les manuscrits qui renferment les *Questiones de epistolis Pauli* (4).

L'activité littéraire de Robert s'est-elle bornée à ces trois œuvres, ou faut-il encore lui attribuer un autre écrit théologique ? La question a été posée, parce qu'il existe deux rédactions des *Sentences* : un texte très développé, et un texte sommaire, qui est un résumé du premier. Robert n'est-il pas également l'auteur de cet abrégé ? Il a paru d'abord vraisemblable à M. Fr. Anders que cette deuxième rédaction était l'œuvre personnelle de Robert (5). Je me suis permis de ne pas partager cette conclusion, et j'ai essayé de montrer que ce résumé doit être attribué à un autre auteur, probablement à un disciple du maître (6). Après nouvel examen du problème, M. Anders acquit la certitude que Robert en est vraiment l'auteur (7), et à en croire le Dr B. Geyer, la chose ne peut plus être révoquée en doute (8). Cependant le P. Fr. Pelster a étayé ma thèse avec de nouveaux appuis (9), et M. A. Land-

---

(1) Oudin, *Comment. de script. eccl. antiquis*, t. II, Leipzig, 1722, p. 1452.

(2) B. Hauréau, *De la philosophie scolastique*, t. I, p. 22. L'auteur a corrigé plus tard dans son *Histoire de la philosophie scolastique*, t. I, Paris, 1872, p.490.

(3) Fr. Picavet, *Esquisse d'une histoire générale et comparée des philosophies médiévales*, 2ᵉ édition, Paris, 1907, p. 187.

(4) A. Landgraf, *Some unknown writings of the early scholastic period*, dans *The New Scholasticism*, t. IV, 1930, p. 9.

(5) Fr. Anders, *Die Handschriften der* Summa Trinitatis *des Robert von Melun* ; art. de la revue *Der Katholik*, t. XCIV, 1914, p. 271.

(6) R. M. Martin, *L'œuvre théologique de Robert de Melun*, dans la *Revue d'histoire ecclésiastique*, t. XV, 1920, p. 474-477.

(7) Fr. Anders, *Die Christologie des Robert von Melun*, Paderborn, 1927, p. X-XIV.

(8) B. Geyer, *Die patristische und scholastische Philosophie*, Berlin, 1928, p. 277.

(9) Fr. Pelster, *Literargeschichtliche Beiträge zu Robert von Melun*, dans la *Zeitschrift für kath. Theologie*, t. LIII, 1929, p. 570-574.

graf a cru pouvoir écrire que le R. P. avait démontré avec des arguments pénétrants, — je traduis de cette manière l'expression : *with impressive arguments*, — qu'il n'est pas possible que le texte abrégé des Sentences ait été composé par Robert lui-même (1).

Il demeurait néanmoins à l'encontre de cette thèse une difficulté à laquelle il n'y avait pas eu moyen, jusqu'à ce jour, de répondre d'une façon décisive. Elle provenait du fait que le texte plus développé et l'abrégé ne se terminaient point par l'exposé des mêmes matières. L'abrégé comprenait en plus quelques chapitres qu'on cherchait en vain à la fin des trois manuscrits connus du texte plus développé. Cette discordance ne pouvait s'expliquer, semblait-il, que si Robert de Melun lui-même était l'auteur du texte abrégé.

Nous répondons que le manuscrit 121 de Saint-Omer, récemment retrouvé, et qui renferme le texte plus développé du IIe Livre, permet de réduire à néant cette argumentation, en la sapant par la base. En effet, les chapitres qui manquent dans les trois autres manuscrits figurent absolument dans le manuscrit de Saint-Omer, et amènent le lecteur au même point où s'arrête l'abrégé. Au point de vue du nombre des questions traitées il y a donc harmonie parfaite entre les deux rédactions (2).

Nous pouvons donc conclure qu'il ne subsiste plus de raisons pour considérer l'abrégé des *Sentences* comme l'œuvre personnelle de Robert de Melun.

2. — MANUSCRITS. DIFFUSION

L'énumération des manuscrits, existants ou perdus, des ouvrages de Robert, l'indication de leur provenance, l'usage et spécialement les citations qu'en firent les auteurs médiévaux, nous permettront de nous faire quelque idée de la diffusion de son œuvre.

Les *Questiones de divina pagina* sont conservées à la Biblio-

---

(1) A. LANDGRAF, *Some unknown writings of the early scholastic period,* dans *The New Scholasticism*, t. IV, 1930, p. 9.

(2) Pour plus de détails, cfr *Revue d'histoire ecclésiastique*, 1932, p. 313-329, où sont publiées ces pages du texte plus développé que l'on croyait inexistantes.

thèque Nationale de Paris, cod. lat. 1977. C'est le seul manuscrit connu. Il fut acquis par J. B. Colbert († 6 septembre 1683), ministre de Louis XIV, et passa ensuite à la bibliothèque du roi Louis XV (fol. 1 r). Nous pensons qu'il provient d'une abbaye cistercienne. Nous nous expliquons là-dessus ci après, p. xxx.

Incipit : Queritur quid sit iuramentum...
Explicit : Simplicitas sic pro talibus orat.

Les *Questiones de epistolis Pauli* subsistent en deux exemplaires :

Paris, Bibliothèque Nationale, même codex.

Oxford, Bibliothèque Bodleienne, cod. lat. 105.

La copie d'Oxford est beaucoup plus complète que celle de Paris. Cette dernière, au cours de l'exposé, présente des lacunes et se termine brusquement au chap. vi du commentaire de la Iᵉ épître à Timothée. Celle d'Oxford au contraire renferme en plus le Commentaire sur l'épître aux Hébreux.

Incipit du Prologue : Inter omnes corporeas creaturas solus homo ad imaginem Dei factus fuisse legitur...
Incipit du texte : Evangelium dicitur bona annunciatio...
Explicit dans le codex de Paris : (I *Tim.*, VI, 16) et lucem inhabitat inaccessibilem.
Explicit dans le codex d'Oxford : *(Hebr.*, XIII, 17) Sic quoque dicitur iuste retribuere.

Beaucoup plus nombreux sont les manuscrits qui nous ont conservé le plus important ouvrage de Robert, les *Sentences*. Cette Somme de théologie est divisée en deux Livres, dont le premier traite des Sacrements de l'Ancien Testament, le second de ceux du Nouveau. Le premier Livre est subdivisé en douze parties, le second devait en comprendre cinq. Le texte, tel que nous le possédons, est incomplet. Il s'arrête au cours de la douzième partie du premier, et vers la fin de la deuxième partie du second Livre. Nous connaissons jusqu'à ce jour huit exemplaires.

1. — Bruges, Bibliothèque communale, cod. 191, fin XIIIᵉ siècle. Le plus complet : il renferme les deux Livres des Sentences. Livre I : folios 8 à 261. Livre II : folio 261 à 304. Il provient de l'abbaye cistercienne des Dunes.

2. — LONDRES, British Museum, Royal Library, cod. 8 G. IX, XIIIe siècle. Il comprend presque tout le premier Livre, notamment le texte qui couvre les folios 1 à 235 du codex de Bruges. Nous croyons qu'il faisait partie jadis de la Bibliothèque de l'abbaye bénédictine de Bury St. Edmund (comté de Norfolk) en Angleterre.

3. — INNSBRUCK, Bibliothèque de la ville, cod. 297, XIIIe siècle. Le texte du premier Livre qu'il renferme correspond à celui des fol. 101 à 213 de Bruges. Ce codex appartenait autrefois aux Cisterciens de Stams.

4. — OXFORD, Bodleian Library, fonds Digby, cod. 187, XIIIe siècle. Il contient une très large tranche du premier Livre, le texte de Bruges fol. 51 à 235. Quatre folios de la partie qui manque au début et qui renferme un fragment de la Table des chapitres se retrouvèrent dans le cod. 168, même fonds, folio 228. Le P. Pelster opine que ces codd. 187 et 168 proviennent du couvent des Franciscains d'Oxford (1).

5. — LONDRES, British Museum, Royal Library, cod. 7 C.II. Le texte des Sentences qu'il renferme fol. 1 à 57 v. correspond à une bonne quarantaine de folios du codex de Bruges, Livre I, fol. 162 ra-203va. Il était autrefois à la Bibliothèque de l'abbaye de Bury St. Edmund, cfr fol. 57v. C'est le moins complet de la série.

Les trois exemplaires suivants ne renferment que le deuxième Livre des Sentences.

6. — ST-OMER, Bibliothèque publique, cod. 121, fin du XIIe siècle, fol. 1va-96vb. Il figurait jadis à la bibliothèque de l'abbaye bénédictine de Saint-Bertin (cfr fol. 37), située non loin de Saint-Omer. Il est plus complet que les deux copies qui suivent.

7. — LONDRES, British Museum, Royal Library, cod. 2 F. I, XIIIe siècle. Dans les fol. 180 va-241 vb, il contient le texte du deuxième Livre, tel que nous le lisons dans le codex de Bruges. Il appartenait autrefois à l'abbaye bénédictine de Worcester (fol. 231 vb).

---

(1) Fr. PELSTER, *Literargeschichtliche Beiträge zu Robert von Melun*, dans la *Zeitschrift für katholische Theologie*, t. LIII, 1929, p. 565.

8. — Eton, près Windsor (Angleterre), bibliothèque du Collège, cod. 109, XIIIe siècle, fol. 103 *ra-182rb* ; contient le même texte que le codex précédent. Je ne connais pas le lieu de sa provenance.

Incipit de la Préface, Londres 8 G. IX : *Prefatio de diversa consuetudine legendi sacram scripturam.*

Nonnullorum scribendi consuetudo est ut in singulis immorentur...
Incipit du premier Livre.

Titre du premier chapitre : *Hoc primum capitulum agit de hoc quod vetus Testamentum Novum in doctrina convenienter precessit.*

Quemadmodum ergo in actu existentie figura veritatem congrue precessit...

Explicit du Livre I (incomplet), Bruges, cod. 191... *cum ea sola peccata redire verum sit que post dimissionem reppetuntur.*

Incipit du Livre II, Saint-Omer, cod. 121.

Titre du premier chapitre : *Quare Lex ante Evangelium.*

Quoniam homo peccando, tam voluntate quam opere suum offendit Creatorem...

Explicit du Livre II... *per quod significatum est secreta celestia morte Christi patefacta esse, que prius quasi oppositione abscondita erant.*

Nous nous bornons ici à ces indications sommaires. Il y aura lieu de donner une description plus détaillée de ces manuscrits dans l'introduction à l'édition des *Sentences.*

Signalons encore que, conformément à une note du cod. 34 de Jesus College à Cambridge, la bibliothèque des Cisterciens de Rievaux, en Angleterre, possédait également une copie des *Sententie magistri Roberti Melodinensis* (1).

Il est opportun de faire remarquer, à la suite de cette énumération, que tous les exemplaires connus des *Sentences* de Robert sont des copies. En effet, tous ces exemplaires sont incomplets ; ni le premier livre, ni le second, ne sont achevés. La copie la moins incomplète, pour ce qui concerne la partie finale du second livre, est celle de Saint-Omer. Il faut donc ajouter à la liste, à tout le moins, un exemplaire, l'original. Il a dû se trouver jadis à Hereford, où Robert a résidé en dernier lieu. Nous n'en avons pas trouvé de trace dans la

---

(1) Cfr M. R. James, *A descriptive catalogue of the Manuscripts in the library of Jesus College*, Cambridge, p. 51.

très ancienne bibliothèque « à chaînes » de la cathédrale.

Soulignons ensuite le fait que la plupart de ces manuscrits proviennent d'un milieu monastique, principalement d'abbayes bénédictines et cisterciennes, situées dans un rayon très étendu : Angleterre, France, Autriche. Nous avons le droit de supposer qu'il en existait également dans les centres universitaires de Paris et d'Oxford. Si nous ajoutons que, vu l'ampleur considérable du texte de ces *Sentences*, il fallait un courage exceptionnel pour se décider à les transcrire, nous pouvons conclure que le fait de l'existence de 10 à 15 exemplaires est une preuve d'une assez large diffusion de cet ouvrage.

Une autre preuve de la diffusion de l'œuvre théologique de Robert est fournie par la série d'abrégés que nous en possédons. Sous ce rapport l'ancien maître de Melun n'a rien à envier ni à Abélard, ni à Hugues de Saint-Victor, ni à Pierre Lombard. J'ai déjà eu l'occasion de signaler que les *Questiones in epistolas Pauli* que l'on trouve dans Migne, PL, CLXXV, 431 *et suiv.*, longtemps attribuées à Hugues de Saint-Victor, renferment d'un bout à l'autre de larges emprunts faits au commentaire de Robert sur les épîtres de saint Paul (1). A. Landgraf a eu la chance de mettre récemment la main sur un fragment d'un abrégé de ce commentaire (2). Il se trouve dans le codex 15 B. IV, fol. 119-126, de la Royal Library, au British Museum. C'est un résumé par omission. Il se rattache aux quatre premiers chapitres du commentaire de Robert sur l'épître aux Romains.

L'œuvre principale, les Sentences, fut également jugée digne de se répandre dans l'École sous des proportions réduites et des formules plus succinctes. Nous connaissons un abrégé qui subsiste en quatre exemplaires. C'est un résumé par contraction.

I. — PARIS, Bibliothèque Nationale, cod. 14522 ; parch., XII-XIIIᵉ s., fol. 1 à 155 à 2 colonnes. Au folio 1 est marquée sa provenance : « Iste Liber est beati Victoris Parisius ».

---

(1) Cfr art. cit., dans *Revue d'histoire ecclésiastique*, t. XV, 1920, p. 489. A. Landgraf est revenu plus longuement sur ce fait au cours de son étude, *Familienbildung bei Paulinenkommentaren des 12. Jahrhunderts*, dans *Biblica*, t. XIII, 1932, pp. 169-182.

(2) Cfr A. LANDGRAF, *Some unknown writings of the early scholastic period*, art. de la revue *The New Scholasticism*, t. IV, 1920, p. 9-10.

2. — PARIS, *ibidem*, cod. 14885 ; parch., XII-XIIIe s., fol. 1 à 206, à 2 colonnes. Ce manuscrit se trouvait jadis également à l'abbaye des chanoines de Saint-Victor à Paris.

3. — AVIGNON, Bibliothèque de la ville, cod. 40 ; parch., XIIIe s., fol. 1 à 117, en 2 colonnes. Il appartenait autrefois au couvent des Dominicains d'Avignon.

4. — LONDRES, Royal Library, cod. 7 F. XIII ; parch., XIIIe s., écriture d'une main anglaise. Le texte qui nous intéresse couvre les folios 59 à 112. Ce manuscrit a ceci de spécial par rapport aux autres, qu'au fol. 62 *vb* il présente une petite préface qui fait défaut dans les autres copies de cette série. Il vient d'être amplement décrit par le P. Pelster (1). Nous y reviendrons ailleurs.

Mais la transcription et le résumé ne sont pas les seuls faits qui témoignent en faveur de l'utilisation ou de la diffusion d'une œuvre. Il faut nommer encore l'étude dont elle a été l'objet, et les citations que l'on en retrouve dans d'autres travaux du genre. Certains des manuscrits connus des *Sentences* ne portent pas les traces d'une fréquente manipulation. De ce nombre sont les copies des dépôts anglais. Il n'en est pas de même des exemplaires conservés sur le continent. Le codex 1977 de Paris, le manuscrit 191 de Bruges, les abrégés des Sentences de la Bibliothèque Nationale de Paris, ont certainement passé par beaucoup de mains. Presque tous les folios en gardent la marque. De plus, le texte a été corrigé ou annoté. Ainsi les marges du cod. de Bruges portent jusque vers le folio 75 différentes notes : tantôt des références à d'autres auteurs, tantôt le nom des autorités citées dans le texte, tantôt un terme qui résume l'exposé, voire même des références aux *Sentences* de Robert lui-même. Il est hors de doute que ces notes relèvent de diverses mains et ont été ajoutées à des dates différentes. L'œuvre théologique de Robert retenait certainement l'attention encore au XIIIe siècle.

Quant aux citations d'auteurs, il faut distinguer les citations

---

(1) Cfr Fr. PELSTER, *Literargeschichtliche Beiträge zu Robert von Melun*, dans *Zeitschrift für katholische Theologie*, t. LIII, 1929, p. 571.

tacites et les citations expresses, appuyées du nom de l'auteur. Nous ne doutons pas que l'on retrouvera dans plus d'un écrit du XIIIe siècle l'influence doctrinale de Robert de Melun, insinuée soit par une expression, une comparaison, ou l'identité d'une théorie d'ordre spéculatif. Dans la deuxième moitié du XIIe siècle, Odon d'Ourscamp, dans ses *Questiones*, s'est inspiré plus d'une fois de Robert. Le P. Pelster croit pouvoir montrer que les *Sententie divinitatis* dépendent à plus d'un endroit des écrits de Robert (1). Nous reviendrons sur ce point ci-après. Le commentaire sur saint Paul que renferme le cod. lat. 534 de la bibliothèque de l'Arsenal à Paris, et les *Allegoriae in epistolas Pauli* (PL, CLXXVIII, 879-924), paraissent se trouver en étroite dépendance des *Questiones de epistolis Pauli* dont Robert est l'auteur (2).

Au XIIe siècle, il était plutôt rare, en rapportant une doctrine, d'y ajouter le nom de l'auteur. Il ne manque cependant pas d'exemples où le cas s'est produit pour Robert de Melun. Rappelons que son nom figure dans la *Somme* d'Étienne de Tournai (3). Mgr Grabmann a relevé de nombreuses citations de « Magister Robertus Melodunensis » dans la *Somme* de maître Hubert, composée au dernier tiers du XIIe siècle (4). D'autres cas de citations expresses ont été signalés tout récemment par A. Landgraf, dans une série de *Questiones* du codex Harley 3855 du British Museum (5) et dans une *Somme* de théologie qui se rattache à l'école de Prévostin et est conservée dans le cod. lat. 10754 de la bibliothèque vaticane (6). Et très probablement on n'en restera pas là.

La critique contemporaine n'a pas, à ma connaissance,

---

(1) Fr. PELSTER, *Literargeschichtliche Beiträge zu Robert von Melun*, dans *Zeitschrift für katholische Theologie*, t. LIII, 1929, p. 575, note 4.

(2) Cfr A. LANDGRAF, *Familienbildung bei Paulinenkommentaren des 12. Jahrhunderts*, dans *Biblica*, t. XIII, 1932, pp. 182-193.

(3) Cfr H. DENIFLE, *Die Sentenzen Abaelards und die Bearbeitungen seiner «Theologia»*, dans l'*Archiv für Litt.- und Kirchengeschichte des MA*, t. I, 1885, p. 609.

(4) M. GRABMANN, *La Somme théologique de magister Hubertus*, dans les *Recherches de théologie ancienne et médiévale*, t. I, 1929, p. 238.

(5) A. LANDGRAF, *Some unknown writings of the early scholastic period*, dans *The New Scholasticism*, t. IV, 1930, p. 7-9.

(6) A. LANDGRAF, *Eine neuentdeckte Summe aus der Schule des Praepositinus*, dans *Collectanea Franciscana*, t. I, 1931, p. 297.

touché à l'œuvre de Robert de Melun. C'est d'autant plus remarquable que Robert s'est plu à remuer les doctrines des maîtres les plus en vue et n'avait pas l'habitude de ménager l'adversaire. Il n'a pas été rangé par Gauthier de Saint-Victor parmi les *Labyrinthes de France*. L'auteur du *Liber de vera philosophia* manie sa plume, trempée dans le fiel, non seulement contre Abélard, mais aussi contre saint Bernard et Hugues de Saint-Victor ; il n'a pas pris à partie Robert de Melun. Aucun blâme non plus à son sujet chez Jean de Cornouailles, mais au contraire des éloges pour l'orthodoxie de sa doctrine en général et spécialement dans les matières christologiques.

Si toutefois Robert n'a pas joui de faveurs académiques comparables à celles que reçut Pierre Lombard, les mérites de son œuvre ne s'en trouvent pas amoindris. Ils demeurent entiers.

3. — ÉDITIONS

Nous ne pouvons appliquer ce terme à une œuvre entière de Robert. Il ne s'agit en l'occurrence que d'une série de textes empruntés à l'un ou l'autre de ses trois ouvrages et publiés principalement dans des articles de revues. Nous croyons cependant qu'il est opportun de signaler ces publications.

I. — QUESTIONES DE DIVINA PAGINA.

Le P. Noyon, S. I., a groupé, en suivant les folios du manuscrit 1977 de Paris, les *Incipit* des principales Questions et dressé ainsi une table des matières de cet ouvrage. Elle n'est toutefois pas complète, les sous-questions, introduites par *Item queritur* n'ayant pas trouvé place dans cet ensemble. Cfr *Recherches de science religieuse*, t. V, 1914, p. 511-513.

Différents auteurs ont détaché de cette œuvre diverses questions soit à titre d'exemples, soit sous forme de citations :

M. GRABMANN, *Geschichte der scholastischen Methode*, t. II, p. 328 : « Queritur utrum quicquid in Deo est, Deus sit » (d'après cod. 1977 de Paris, fol. 88 *va*).

R. M. MARTIN, *La nécessité de croire au mystère de l'Incarnation*, art. de la *Revue thomiste*, t. XXV, 1920, p. 279-280 : « Queritur utrum eadem fides sit hominum temporis gratie et hominum qui fuerunt tempore Legis » (d'après même cod., fol. 92 *va*).

IDEM, *Les idées de Robert de Melun sur le péché originel*, art. de la *Revue des sciences philosophiques et théologiques*, t. XI, 1922, p. 404-405 : « Queritur utrum quis possit salvari sine lavacri perceptione » (d'après même cod., fol. 92 *vb*).

A. LANDGRAF, *Some unknown writings of the early scholastic period*, art. de la revue *The New Scholasticism*, t. IV, 1931, p. 9 : « Queritur utrum ille qui inscienter peccat, nolens peccat » (d'après même cod., fol. 92 *vb*).

2. — QUESTIONES DE EPISTOLIS PAULI.

Le P. Noyon, S. I., *Inventaire des écrits théologiques du XIIᵉ siècle* (Extrait de la *Revue des Bibliothèques*, 1912) p. 50-51, a relevé l'*Incipit* et le *Desinit* du commentaire sur les différentes épîtres, d'après le cod. 1977 de Paris.

Le P. Denifle a publié la préface de cette œuvre et les passages du commentaire de l'épître aux Romains, où Robert explique les notions de *Iustitia Dei* et de *Iustificatio*. Cfr *Die abendländischen Schriftausleger bis Luther*, Mayence, 1905, p. 76-83.

R. M. Martin a signalé, dans un article sur *Les idées de Robert de Melun sur le péché originel*, la notion de ce péché d'après le commentaire sur l'épître aux Romains, d'après le cod. 1977 de Paris, fol. 104*rb-va*, et le cod. d'Oxford 105, fol. 187*vb*. Cfr *Revue des sciences philosophiques et théologiques*, t. VII, 1913, p. 724.

IDEM, dans la *Revue thomiste*, t. XXV, 1920, p. 280, rapporte deux passages du même commentaire où Robert affirme la nécessité de croire au mystère de l'Incarnation avant aussi bien qu'après la venue du Christ ; d'après le cod. Oxford, 183*vb*, 186*ra*.

IDEM, *L'œuvre théologique de Robert de Melun*, dans la *Revue d'histoire ecclésiastique*, t. XV, 1920, p. 466-468, a transcrit les textes du même commentaire relatifs à la prédestination divine et aux rapports entre la grâce et le libre arbitre dans l'œuvre du salut, d'après le cod. de Paris, fol. 102*vb*, 103*ra*, 107*va-vb*, 108*ra-rb*, et le cod. d'Oxford, fol. 107*ra*, 190*va-vb*.

A. Landgraf, au cours de diverses études, a reproduit plusieurs pages du même commentaire d'après le codex de Paris :

Texte sur la connaissance de Dieu par les Gentils, d'après le cod. 1977 de Paris, fol. 97*v*. Cfr *Scholastik*, t. VI, 1931, p. 224.

Texte sur la connaissance de la Très Sainte Trinité, même ms., fol. 97v, dans l'article *Zur Lehre der Gotteserkenntnis in der Frühscholastik*, dans *The New Scholasticism*, t. IV, 1930, p. 278-280.

Texte sur la nécessité de la grâce, même cod., fol. 122v, dans l'étude,*Die Erkenntnis der helfenden Gnade in der Frühscholastik*, dans la *Zeitschrift für katholische Theologie*, t. LV, 1931, p. 435.

Texte sur les rapports de la grâce et du libre arbitre, même cod., fol. 107v-108r. Cfr *loc. cit.*, p. 226-234.

Extraits divers dans l'article, *Familienbildung bei Paulinenkommentaren des 12. Jahrhunderts*, dans *Biblica*, t. XIII, 1932, pp. 169-182.

3. — SENTENTIE.

Plus longs et peut-être aussi plus intéressants sont la plupart des textes qui nous ont fait connaître, de nos jours, la *Somme* de théologie de Robert. Dans le passé elle n'était pas restée tout à fait dans l'ombre. Th. Wright en avait publié un petit paragraphe, d'après le cod. 7 C. II de la Royal Library, à Londres (1). Le P. Denifle avait appuyé ses études sur Abélard et l'auteur de la *Summa sententiarum* de deux extraits empruntés à la préface du codex de Bruges 191 (2). Ce furent le P. Denifle et Mgr Grabmann qui stimulèrent le zèle des chercheurs à prendre davantage contact avec cette œuvre de Robert (3). En 1911 Mgr Grabmann publia les parties les plus saillantes de la susdite préface d'après le même cod. de Bruges et fit connaître d'autres manuscrits (4). On peut dire que cette date marque l'entrée de Robert de Melun dans le monde scientifique contemporain. Dans la suite, il fut possible d'allonger encore la liste des manuscrits (5), et l'on s'appliqua dans des études, consacrées soit à la philosophie soit

---

(1) TH. WRIGHT, *Biographia britannica litteraria*, t. II, p. 202.

(2) H. DENIFLE, O. P., *Archiv für Litt. und Kirchengeschichte des Mittelalters*, t. I, p. 618, n. 3 ; t. III, p. 638.

(3) IDEM, *Die abendländischen Schriftausleger bis Luther*, p. XIII, not. 1, p.75. GRABMANN, *Die Geschichte der scholastischen Methode*, t. II, p. 323 *et suiv.*

(4) Cfr M. GRABMANN, *op. cit.*, p. 341-358.

(5) Cfr R. M. MARTIN, *L'œuvre théologique de Robert de Melun*, dans *Revue d'histoire ecclésiastique*, 1920, t. XV, p. 469-472 ; *ibidem*, 1928, t. XXIV, p.167.

à la théologie du XIIe siècle, à en faire connaître et valoir le riche contenu. Nous citons :

R. M. MARTIN, *Les idées de Robert de Melun sur le péché originel*, dans la *Revue des sciences philosophiques et théologiques*, t. VII, 1913, p. 700-725 ; t. VIII, 1914-1919, p. 439-466 ; t. IX, 1920, p. 103-120 ; t. XI, 1922, p. 390-415 : nombreux et importants extraits du traité de Robert sur le péché originel, cod. Bruges 191, fol. 235-261v.

IDEM, *El problema del influjo divino sobre las acciones humanas*, dans *La Ciencia tomista*, 1915, t. XII, p. 178-193 : la théorie de Robert touchant l'influx de Dieu sur les actions humaines, texte *in extenso* d'après le cod. Londres, Royal Library, 8 G. IX, fol. 51 *rb-52 rb*.

IDEM, dans la *Revue thomiste*, t. XXV, 1920, p. 280, sur la foi au mystère de l'Incarnation ; Bruges cod. 191, fol. *277ra-rb*.

IDEM, *Pro Petro Abaelardo*, dans la *Revue des sciences philosophiques et théologiques*, t. XII, 1923, p. 320-332 : Le plaidoyer de Robert en faveur d'Abélard et contre saint Bernard, dans une controverse sur la Trinité, texte *in extenso* d'après les cod. Londres 8 G. IX, fol.*24vb-26va* et Bruges 191, *32rb-34vb*.

DOM O. LOTTIN, *La théorie du libre arbitre depuis S. Anselme jusqu'à S. Thomas d'Aquin* [Extrait de la *Revue thomiste*, 1927-1929]. Louvain, Abbaye du Mont-César, 1929, p. 20-27, a reproduit les principaux passages du traité de l'homme, où Robert explique la notion du libre arbitre et fait la critique des interprétations du même sujet chez les auteurs contemporains ; d'après le cod. Bruges 191, fol. *175v-180v*.

A. LANDGRAF, *Kindertaufe und Glauben in der Frühscholastik*, dans *Gregorianum*, t. IX, 1928, p. 518-520. Question de l'existence de la vertu de foi divine chez les enfants non parvenus à l'âge de raison ; d'après le cod. Bruges 191, fol. 259-260 ;

IDEM, Extraits divers des Questions de Robert sur la grâce divine dans *Studien zur Erkenntnis des Uebernatürlichen in der Frühscholastik*, art. de *Scholastik*, t. IV, 1929, p. 7, d'après le cod. Innsbruck 297, fol. 120 et p. 23, même codex, fol. 126. Ce dernier texte figure également dans l'article : *Die Erkenntnis der helfenden Gnade in der Frühscholastik*, dans la *Zeitschrift für katholische Theologie*, t. LV, 1931, p. 415.

IDEM, dans la même Revue, *loc. cit.*, p.419-421, 568, passages du même codex, fol. 132, 136, 121, 58.

Cependant, c'est l'abrégé des *Sentences* qui a reçu principalement les honneurs de l'impression. Il n'est pas, nous le savons, l'œuvre personnelle de Robert. Nous ne l'excluons pas toutefois du cadre de ces détails bibliographiques.

Au XVIIe siècle, il retint l'attention de dom Hugues Mathoud, qui en publia des passages relatifs aux mystères de la Trinité et de l'Homme-Dieu (1), et surtout de du Boulay, qui donna, outre des extraits sur la notion de personne, sur la prescience et la prédestination divines, presque tout le traité de la christologie (2). B. Hauréau en transcrivit quelques pages dans ses études de philosophie médiévale (3). Il faut citer encore B. Geyer (4), R. M. Martin (5), et *last not least*, Fr. Anders. En prenant comme base les deux manuscrits de Paris, il édita entièrement, en l'illustrant de notes critiques, le texte de la christologie de Robert de Melun (6).

III. — LES *QUESTIONES DE DIVINA PAGINA*

1. — LE MANUSCRIT. DESCRIPTION ET CONTENU

Le cod. lat. 1977 de la Bibliothèque Nationale à Paris, le seul manuscrit connu du susdit ouvrage, est un volume de mélanges. La reliure est moderne, plein cuir, veau estampé. Les espaces entre les nervures du dos sont ornementés alternativement par des lys de France, placés dans les quatre coins, et par deux C entrelacés. Le titre, au dos, est le suivant : *S. Augustinus in Epist. ad Gal. etc.* Le plat est encadré par un filet ornementé courant le long des bords. Au bas du dos

---

(1) H. MATHOUD, *Observationes in Robertum Pullum*, 1655 ; PL, CLXXXVI, 1017, 1030, 1037, 1038, 1042, 1044.

(2) DU BOULAY, *Historia Universitatis Parisiensis*, t. II, p. 585-628.

(3) B. HAURÉAU, *De la philosophie scolastique*, t. I, p. 315, 332, 324.

(4) B. GEYER, *Die Sententiae divinitatis*, Munster, 1909, p. 9.

(5) R. M. MARTIN, *La nécessité de croire le mystère de la Très Sainte Trinité*, dans la *Revue thomiste*, 1913, p. 573-576.

(6) FR. ANDERS, *Die Christologie des Robert von Melun*, Paderborn, 1927, 2me partie, p. 1 à 192.

se trouve en lettres dorées la cote actuelle du manuscrit à la Bibliothèque Nationale : 1977.

Ce volume compte 147 folios, en parchemin, mesurant 260 × 180 mm., numérotés à l'encre par une main du XVIIIᵉ siècle. Il y a deux feuillets de garde ; tous deux sont en papier, et datent de la dernière reliure. Le folio 1 est rattaché par sa base au premier cahier. On compte 19 cahiers comprenant généralement 8 folios. Le huitième cahier (f. 58 à 62) ne compte que cinq folios. Entre le huitième et le neuvième cahier se trouve un petit reste de folio long de la moitié du volume et pas plus large que la marge intérieure des autres folios. Il porte des chiffres destinés à marquer les divisions d'une table de matière. La disparition de ce folio n'interrompt pas la suite du texte. Le 14ᵐᵉ en compte 10 (f. 101 à 110), le 16ᵐᵉ va du folio 119 à 126 inclusivement, le 17ᵐᵉ du fol. 127 à 131, le 18ᵐᵉ comprend les fol. 132 à 135, et le 19ᵐᵉ les f. 136 à 145.

Au fol. 1 est marquée d'abord, en haut à droite, la cote actuelle : 1977. Un peu plus bas, les cotes des bibliothèques par où a passé le manuscrit avant de se trouver à la Bibliothèque Nationale : Colb. 4321 et Regius, 4003 2. 2. a ; en dessous de ces cotes, le timbre de la Bibliotheca regia. Ces indications nous ont permis de dire plus haut (p. XV) que ce manuscrit fit partie jadis de la bibliothèque de J. B. Colbert († 6 septembre 1683),ministre de Louis XIV, jusqu'au jour où le comte de Seignelay, son petit-fils, vendit, au roi Louis XV, les manuscrits qu'avait réunis son grand-père.

Fol. 1, pleine page, *Sententia beati Augustini de libro Retractationum*. Incipit : *Post hunc librum exposui eiusdem Apostoli epistolam ad Galatas...* Explicit : *hic liber sic incipit. Causa propter quam scribit Apostolus ad Galathas hec est.*

Cfr PL, XXXII, 622-623.

Fol. 2r, pleine page, *Incipit prefatio sancti Augustini in epistolam ad Galathas. Causa propter quam scribit... Sic consideranda et tractanda suscepimus. Explicit prefatio. Incipit expositio S. Augustini in epistolam ad Galathas. Paulus Apostolus non ab hominibus...* fol. 17r : *cum spiritu vestro, fratres, amen. Explicit expositio S. Augustini in epistolam ad Galathas.*

Cfr PL, XXXV, 2105-2148.

Incipit eiusdem liber contra partem Donati post gesta.

Quid adhuc seducimini ab episcopis vestris... fol. 31r : *et gregi suo collecto et pacato sit propitius qui hoc precepit Christus. Explicit liber S. Augustini contra partem Donati post gesta.*

Cfr PL, XLIII, 651-690.

Fol. 31r : *Sentencia beati Augustini de libro Retractationum. Librum etiam scripsi grandem satis quantum existimo... Quid adhuc Donatiste seducimini ?*

Cfr PL, XXXII, 646-647 et XLIII, 651.

Dans la marge extérieure, cette note encadrée : *Hec sentencia in principio libri ponenda est.*

Ce texte de saint Augustin est suivi immédiatement de quelques vers. Inc. *Est animal parvum ...* Expl. *Signat idem Parisius eloquiotas.*

Une autre main a rempli le reste du folio par une note de grammaire. Inc. *Imperativa primas personas singulares non habent...* Expl. *Nam quicumque casus nominativo adiunguntur etiam declinato construi possunt.*

Fol. 31v commence sans titre, transcrit par la même main que la note précédente, en deux colonnes, un traité de grammaire sur le verbe. Au haut du folio, une note indique le nom de l'auteur de ce traité : *Ab infinito incipit exponere verbi ordinationem Apollonius, ostendens hoc verbum generale esse, et pro omni posse accipi modo verborum.*

Inc. *Infinitum verbum generale est, et pro omni potest accipi modo. Coniungitur autem frequentius voluntativis verbis, ut : volo legere, cupio discere...* Fol. 34rb., expl.: *quotiens ablativus designans rem que est causa significationis alterius dictionis illi dictioni coniungitur et ab ea regi potest.*

Fol. 34r, pleine page, traité de Hugues de Fleury sur les deux pouvoirs. Livre I et II.

Ce traité, composé vers 1103, fut édité d'abord par Baluze, *Miscell.*, t. IV, p. 65 et a été reproduit par Migne, PL, CLXIII, 791 et suivants ; édition critique dans les *Monumenta Germaniae historica, Libelli de lite Imperatorum et Pontificum*, Hannovre, 1891, t. II, p. 467.

Suivent quatre vers, écriture d'une autre main, extrait d'une *Passio Domini*.Voir ci-dessous. *Hic Leo dormit... propria quos morte redemit.*

Fol. 63, écriture d'une autre main et pleine page : *In prologo Genesis*. Lexique expliquant les noms et les choses qui se lisent dans la Bible, jusqu'au livre d'Ezéchiel inclusivement. Inc. *Prologus, id est prefatio, et dicta prefatio quasi prelocutio*. Expl. fol. 83v : *purpuram et scutulam, pro purpura quam omnes interpretati sunt LXX*.

Le restant du folio 83v et fol. 84 contiennent des extraits de S. Bernard intitulés : *Ex dictis* (rasura) *Bernardi abbatis Clarevallensis*. Ce sont des coupures de ses sermons sur le Cantique. Les deux premières ont trait à l'office divin : *Credimus angelos astare orantibus...* Expl. fol. 84:... *quidquid aliud quam debes neglecto eo quod debes optuleris*. Sermo VII, n⁰ 4 ; XLVII, n⁰ 8. Cfr PL, CLXXXIII, 808, 1011.

Les trois dernières rappellent aux moines les charges de l'épiscopat, les mérites et les renoncements qu'entraîne la prélature : *Fratres, revereamur episcopos, sed revereamur labores eorum...* Sermo XII, n. 9 ; *PL, loc. cit.*, 832. *Non est unius meriti...* Sermo XXIII, n. 8 ; *PL, loc. cit.*, 88. *Agit ergo suum actualis caritas ordinem... incipiens a novissimis*. Sermo L, n. 5 ; *PL, loc. cit.*, 1023. *Orare, legere... propter vos detrimenta*. Sermo LI, n. 3 ; *PL, ibidem*, 1065.

La pièce suivante est constituée par des vers en l'honneur de la Passion, dont les deux premières strophes rattachent les heures de l'Office divin aux diverses phases de la Passion du Seigneur. U. Chevalier l'a signalée comme une *Passio Domini* dans son *Repertorium hymnologicum*, t. I, Louvain, 1892, n. 8680, d'après d'autres manuscrits. Cfr cod. Rouen 1419, fol. 135v. B. Hauréau en a fait connaître plusieurs autres copies et deux éditions. Cfr *Notices et extraits de quelques manuscrits latins de la Bibliothèque Nationale*, T. I, p. 211, T. V, p. 203. Inc. *In matutino damnatur tempore Christus... Hic Leo dormit...* Cfr ci-dessus. Expl.... *da requiem famulo*.

Immédiatement après, le *curriculum vitae*, en vers, du bienh. Vital, fondateur du monastère de Savigny. Inc. *Vitalis vita puer et vir vixit honesta...* Expl.:... *cum sol egreditur virginis hospicium*.

Enfin, l'épitaphe de saint Bernard de Clairvaux, attribuée à Adam de Saint-Victor. Inc. *Clare sunt valles, sed claris vallibus abbas...* Expl.: *clarior exsultat spiritus ante Dominum*. Cette pièce est imprimée dans la PL, CLXXXV, 567, et à la suite des œuvres d'Hildebert, PL, CLXXI, 1456.

Les Questiones de divina pagina de Robert de Melun occupent les fol. 85*ra*-95*ra*, c'est-à-dire le 12e cahier et une partie du 13e, en deux colonnes de 19 × 6 cm. Écriture d'une seule main, fin du XIIe siècle.

En tête du fol. 85, au-dessus de la première colonne, ce titre complet (caract. rouges) : *Questiones de divina pagina a magistro Roberto de Miliduno proposite.* Inc.: *Queritur quid sit iuramentum...* Tout l'ouvrage est divisé par groupes de questions. Cette division est marquée par des lettrines, alternativement de couleur bleue et rouge, de forme très simple, nullement ornementées. Le texte, par endroits, porte de légères corrections, faites tantôt par le copiste lui-même, tantôt par l'un ou l'autre lecteur studieux. Quand il a fallu supprimer une lettre ou un mot, la chose est faite par exponctuation. Lorsqu'il y avait lieu de compléter un mot ou un texte, la lettre ou le mot sont placés au-dessus, à l'endroit voulu, dans l'interligne, rarement dans la marge. Relativement peu nombreuses sont les fautes qui ont échappé au correcteur. Il n'y a pas de notes dans les marges. On y remarque simplement les lettres minuscules correspondant aux lettrines. Celles-ci apparemment ont donc été ajoutées après achèvement de la copie du texte.

Quant à l'orthographe du texte, je note les particularités suivantes : *nichil*, en toutes lettres, p. ex., fol. 88*va*, 89*ra*, *tenpus*, au lieu de *tempus*, *orrebat* pour *horrebat*, de même, *tenporalis*, *impossibile* et *inpossibile*, *inremissibile* et *irremissibile*, *atestatio*, *iminutus*, *acusatus*, *imineat*. Le copiste, on le voit, rejette le doublement des consonnes comme un luxe inutile. Il écrit certains mots arbitrairement tantôt avec *c* : *substancia*, *potencia*, tantôt avec *t* : *efficatia*, *potentia*. Signalons parmi les noms de personnes : *Bersabee, Caim, Habraam* et *Abraam, Matheus, Thimotheus*.

Expl. fol. 95*ra* : *Simplicitas sic pro talibus orat.*

A cet endroit commence, sans intervalle, ce titre : *Questiones de epistolis Pauli a magistro Roberto de Miludino* (sic) *enodate.*

Un peu plus bas : *Incipit de epistola ad Romanos*. Fol. 95*rb* en haut de la colonne l'incipit du texte : *Inter omnes corporeas creaturas...* Fol. 129*vb*, Expl.: *et lucem inhabitat inaccessibilem.*

A partir du fol. 129*vb*, et faisant suite immédiatement au texte précédent, s'alignent jusqu'au fol. 135*va* inclus., une série d'extraits, accusant une note morale et ascétique, et dont une grande partie est empruntée à saint Bernard ou à son école.

Fol. 129*vb*. *Intravit Iehsus in quoddam castellum...* Début de sermon. PL, CLXXXIV, 1001-1002.

Fol. 130*ra-rb*, sans titre et d'une autre main : *Si egressus fueris ad pugnam... ad insipientiam sunt redacti.*

Fol. 130*va*-131*rb* : Vers : *Sepe michi dubiam traxit sententia mentem... lassatum proclivia currus.*

Fol. 131*va-vb* blanc.

Fol. 132*ra*-133*ra* : Extraits de saint Bernard.

Tria sunt quibus reconciliari debemus Deo... PL, CLXXXIII, 752.

Erant ibi posite lapidee hydrie sex... ut ex servo proveharis in filium, prestante Domino nostro. Ce sont les sermons LV et LVI *de diversis* ; PL, *ibid.*, 677-680.

Quatuor sunt que impediunt confessionem... Sermo CIV *de de diversis*, et extrait ; PL, *ibid.*, 730, 753.

Duo sunt in quibus consistit nostra salus... Sermo CV *de diversis* ; PL, *ibid.*, 731.

Fol. 134*ra* : huit vers sur sainte Marie-Madeleine. Inc. *Incumbit Christi pedibus non lota lavatrix...* Expl. : *Tanta meretur Dei premia tantus amor.*

Homélie sur le texte : *Negotiamini dum venio.* Inc. *Dominus Deus servos amat utiles, nescit inertes, non approbat otiosos...* Expl. fol. 134*vb* : *...quod prestare nobis dignetur Christus Filius Dei, qui cum Patre et Spiritu Sancto*, etc.

Homélie sur le texte : *Induite vos armatura Dei...* Expl. 135*va* : *...superne Ierusalem cui ascribi promeretur iuvante Deo nostro, qui vivit,* etc.

Fol. 136*r*-145*v*, pleine page, commentaire sur les psaumes, fragment. Inc. *Beatus vir. Huic psalmi non est ausus Esdras apponere titulum...* A comparer avec le commentaire attribué à Gilbert de la Porrée, Paris, Bibliothèque Nationale, cod. 439, fol. 1-192*v*.

Fol. 146 *r*, pour un tiers déchiré : phrases, sentences, traits de plume.

Fol. 147, blanc, ancien folio de garde, piqué des vers à sa base, ce qui fait croire que l'ancienne reliure était en bois.

A la fin de ce relevé, forcément aride, j'attire l'attention sur l'éloge du B. Vital que contient le folio 84. Ce bienheureux fonda, vers 1112, le monastère de Savigny, qui fut le berceau d'une congrégation de monastères bénédictins. Celle-ci passa plus tard, en 1148, à l'Ordre de Cîteaux. Le fait que cet éloge a pris place dans ce manuscrit à côté de l'épitaphe de saint Bernard et de tant d'autres extraits de l'abbé de Clairvaux, nous permet, je pense, de supposer à juste titre que ce manuscrit est de provenance cistercienne, et appartenait peut-être originairement à la bibliothèque même du monastère de Savigny.

2. — LE CONTENU DES « QUESTIONES »

Cet ouvrage constitue un ensemble de 125 problèmes appartenant à des matières diverses et présentés sous forme de *Questions*. C'est ce mode de présentation qui explique et justifie la première partie du titre donné à cette œuvre.

Ces questions se suivent l'une l'autre sans ordre apparent. En les parcourant l'on ne distingue ni plan ni principe de systématisation ou de division. On ne s'aperçoit que d'une division purement extérieure, certaines questions ayant été réunies pour constituer un groupe le plus souvent sans lien intrinsèque ni parenté ou dépendance de doctrine.

Chaque question comprend à tout le moins deux parties : la position du problème (*Queritur*) et la réponse (*Solutio*). Il n'est pas rare qu'entre ces deux parties il en soit inséré une troisième : une brève discussion ou de courtes citations d'auteurs, appelées *auctoritates*. A considérer chaque question de plus près, il est aisé de remarquer que la matière en a été empruntée, tantôt à l'Écriture Sainte, tantôt à un Père de l'Église, ou bien à une glose, ou à l'écrit d'un théologien, ou à la liturgie, ou encore au droit canon. Que ces différentes matières aient été réunies dans un seul ouvrage, cela s'explique par le fait que la classification des sciences ecclésiastiques

n'existait pas encore au XIIe siècle. Toutes ces matières
rentraient dans les cadres de l'enseignement théologique, ou
comme on désignait alors les doctrines sacrées, de la *divina
pagina*. Le titre de l'ouvrage n'a donc pas été choisi au hasard,
mais en dépendance du contenu, qui bien que varié dans ses
détails, présente une note d'unité, si pas à cause de l'homo-
généité des matières traitées, du moins à cause de l'unité
du cadre qui les comprend.

Il n'y a pas de prologue. Le fait est à souligner, parce que
les deux autres œuvres de Robert sont pourvues d'une introduction.

La plupart des questions ont été posées à l'occasion d'un
texte de l'Écriture Sainte. La grande majorité de ces textes
se répartissent sur l'Évangile de saint Matthieu, depuis le
chapitre V jusqu'au chapitre XXVII. On peut en voir la suite,
ci-après, à la table des citations. Plus spécialement de ce
chef et dans un sens strictement rigoureux, il s'agit donc, à
ces endroits, de *Questiones de divina pagina*.

A partir de la question 47, commence, interrompue çà et là
par d'autres problèmes, une série de questions dogmatiques
ayant trait à l'Incarnation, à la Trinité, à la toute-puissance
divine. Elles font écho à des discussions contemporaines, mais
se trouvent absolument à l'état erratique : telles des perles
tombées dans une corbeille de violettes. Il en est de même des
questions empruntées aux commentateurs de l'Écriture, à la
liturgie, au droit canon. Un grand nombre de ces problèmes
se réfèrent aux sacrements, au baptême, à la pénitence, au
mariage, et se retrouvent, à quelques exceptions près, chez
d'autres auteurs. Il est à remarquer qu'à plusieurs reprises
une même question revient plus bas et est traitée presque
dans les mêmes termes. Que l'on compare, par exemple :

Qu. 7	et	Qu. 92	Qu. 9	et	Qu. 97
Qu. 20	et	Qu. 44	Qu. 28	et	Qu. 69
Qu. 31	et	Qu. 71	Qu. 39	et	Qu. 58

Il arrive aussi plus d'une fois que la question n'est pas
achevée ; seul le problème est posé, mais la réponse fait
défaut. Je renvoie aux questions 24, 52-58, 84-87.

J'ai peine à croire qu'un pareil état de choses soit imputable à Robert de Melun lui-même, et, vu ce désordre et ces lacunes, je me trouve disposé à admettre que nous n'avons pas entre les mains une copie fidèle et complète de l'œuvre originale. Celle-ci a dû présenter par endroits plus d'ampleur et une plus belle ordonnance. Le copiste n'a pas tout transcrit, a butiné un peu au hasard, et, distrait, a parfois remis sur le parchemin des détails qu'il lui avait confiés déjà. La copie des *Questiones de epistolis Pauli* faite par le même scribe dans le même manuscrit peut servir d'appui à ces suggestions. Là non plus tout le texte n'a pas été transcrit. A maintes reprises on y trouve, si on la compare au texte du manuscrit d'Oxford, des omissions assez considérables.

Mais, quant au pêle-mêle des *Questiones de divina pagina*, je m'empresse d'ajouter qu'il existe bien d'autres œuvres élaborées au cours du XIIᵉ siècle dont le contenu manque également d'ordre et de cohésion. Je pense aux multiples séries de *Questiones* sorties de l'école de Guillaume de Champeaux, aux *Problemata Heloissae* et même au *Sic et Non* d'*Abélard*, aux *Questiones* d'Odon d'Ourscamp. Et ce désordre se poursuivra jusque dans les débuts du XIIIᵉ siècle. Les *Questiones* d'Étienne Langton en sont une preuve manifeste. Une œuvre inédite dont les *Questiones de divina pagina* se rapprochent assez fort par le cadre et le choix des matières est celle que renferme le cod. lat. 18133, fol. 1r-74v, de la Bibliothèque Nationale à Paris.

Cependant, si le désordre dans ces œuvres, apparent et réel, est indéniable, l'auteur, — et je me borne ici aux *Questiones* de Robert de Melun, — manquait-il, en alignant ces divers problèmes, de tout point d'appui extérieur ? Faut-il aller jusqu'à dire que chaque élément qui dans ces recueils venait se ranger après l'autre, sans ordre formel ni lien logique, était simplement suggéré du dedans à l'auteur, et n'avait d'autre cause que le don d'invention qui lui était propre ? Je ne le pense pas. Je suis convaincu que ces diverses questions ont été provoquées chez Robert par son milieu scientifique, et qu'elles sont le fruit soit de son contact avec les maîtres de l'École et leurs débats, soit de la lecture d'ouvrages dont il faisait la base de son enseignement. C'est l'examen des sources de

3

ces *Questiones* qui m'amène à formuler cette conclusion. J'ai déjà nommé expressément un livre de la Bible, l'Évangile de saint Matthieu. Il faut y ajouter la glose attribuée à Strabon, un livre de sentences sorti de l'école d'Abélard et non encore retrouvé, les théories de Gilbert de la Porrée, le Décret de Gratien, et d'autres encore. Le fait a son importance et nous aurons encore à le rappeler ci-après.

Ajoutons en terminant que, malgré cette absence d'organisation systématique, ces *Questiones* de Robert de Melun sont un morceau de littérature théologique médiévale qui mérite de retenir l'attention à plus d'un titre. Au point de vue philologique, elles permettent pour plus d'un terme, d'enrichir la documentation d'un lexique du latin du moyen âge. Au point de vue doctrinal, certaines pages posent des problèmes d'une haute spéculation ; d'autres rappellent des discussions éclatantes ; d'autres encore donnent des solutions nettes et fermes, empreintes de la note personnelle de l'auteur. Toutes présentent cet intérêt qui s'attache aux choses naissantes, je veux dire, aux débuts d'un maître qui fera carrière dans l'École. Enfin, dans la multitude variée des productions de l'espèce, ce florilège se distingue par son genre littéraire. Il faut en parler plus longuement.

3. — LE GENRE LITTÉRAIRE

Robert de Melun présente donc la première de ses œuvres sous forme de *Questiones*.

La *Questio* est un genre littéraire qui a son histoire au XIIe siècle. Elle se surajoute à la *lectio*, ou simple glose d'un texte ; comme celle-ci, elle est l'une des méthodes didactiques les plus usitées dans l'École (1). Nous voudrions ici dire un mot touchant sa genèse, sa nature, son évolution et son terme final, afin de pouvoir marquer nettement la note caractéristique de l'ouvrage qui nous occupe présentement. Et cela,

---

(1) Cfr M. GRABMANN, *Geschichte der scholastischen Methode*, t. II, Fribourg, 1911, *passim*. AL. DEMPF, *Die Hauptform mittelalterlicher Weltanschauung*, Berlin, 1925, p. 90-93. UEBERWEG-GEYER, *Die patristische und scholastische Philosophie*, p. 152-157. B. GEYER, *Der Begriff der scholastischen Theologie* (Festschrift für A. Dyroff, Bonn, 1925).

d'autant plus que les auteurs ont formulé touchant la *Questio* des avis assez différents, et qu'actuellement encore *sub iudice lis est*. Quelques considérations préliminaires ne sont pas superflues.

Ce qui ne peut être révoqué en doute, c'est que la théologie du moyen âge prend ses origines dans la patristique et principalement dans les commentaires que les Pères nous ont laissés de la Bible. Depuis l'époque carolingienne jusqu'au XIIᵉ siècle, l'on vit surgir une vraie floraison d'œuvres mettant à profit les trésors littéraires des siècles précédents : abrégés, extraits, compilations, florilèges, catènes, gloses, recueils d'*auctoritates* ou de citations bibliques, patristiques et profanes. Origène, S. Ambroise, S. Jérôme, S. Augustin, S. Jean Chrysostome, S. Grégoire sont les auteurs les plus cités, et pour ainsi dire classiques. Dans leurs commentaires il est fait une part plus ou moins grande à la raison humaine, dont la curiosité, éveillée au contact d'un texte de la Bible, tend à s'apaiser de différentes manières, par des interrogations, des comparaisons, des exemples, des allégories, des discussions. (1) La philosophie non seulement projetait sa lumière sur certaines matières, mais de plus prêtait à l'interprétation ses notions, ses lois, ses procédés. La raison a très tôt mêlé son œuvre à l'exposé des doctrines sacrées. Cette rencontre de la raison et de la foi était d'ailleurs inévitable. Et l'on trouvait ainsi dans les œuvres des Pères un double facteur de renseignements : l'autorité et la raison. La Révélation, la Tradition et l'Église représentaient l'autorité ; la raison était représentée par la philosophie et la dialectique, dont l'influence dans les écoles se rattachait principalement à trois noms : Platon, Cicéron et Boèce. Pour les théologiens du haut moyen âge s'ajoutait bientôt à la Révélation et à l'Église, comme autorité, la sentence des Pères et des auteurs ecclésiastiques qui méritaient à leurs yeux d'être entendus, les *auctores authentici*.

Le genèse de la *Questio* au XIIᵉ siècle, doit, à mon humble avis, se concevoir comme suit. Le théologien, désireux de

---

(1) Voir l'excellente étude que commence à publier G. BARDY, *La littérature patristique des* Questiones *et* responsiones *sur l'Écriture sainte*, dans la *Revue biblique*, t. XLI, 1932, p. 210-236.

s'instruire, avait recours à la Bible, aux enseignements de l'Église et des Pères. Placé devant un fait liturgique, par exemple la célébration de la fête de S. Jean-Baptiste pendant l'automne, il voulait en connaître la raison. Placé devant un texte, par exemple, S. Matthieu, XIII, 41 : *Mittet Filius hominis angelos suos*, etc., il cherchait à en découvrir le sens. S'il se contentait parfois d'une simple réponse fournie par une *auctoritas*, il lui arrivait aussi d'en examiner la valeur et la portée. Souvent une autre *auctoritas* venait se placer en travers de la première. Cette discordance ou cette opposition entre les assertions des auteurs amenait l'esprit à douter. Pour sortir de l'alternative, il fallait rechercher de quel côté se trouvait la vérité. Fallait-il conclure en faveur de la première sentence et abandonner l'autre, ou bien y avait-il moyen de les concilier ? C'était l'occasion d'ouvrir une petite discussion. La dialectique prêtait alors son concours à cet échange de vues ; elle y intervenait du moins pour une certaine part. Ce procédé, dans son ensemble, constituait une *Questio*. C'est dans ces termes qu'Abélard établit l'origine de la *Questio* : «aliqua (diversa sanctorum Patrum dicta) ex dissonantia, quam habere videntur, questionem contrahentia » (1). Gilbert de la Porrée s'exprime de même : « commemorandum est, quod ex affirmatione et eius contradictoria negatione questio constat » (2). C'était donc l'arrêt de l'esprit causé par le doute ou la contradiction, qui donnait lieu à la *Questio*. Celle-ci consistait à rechercher et à établir la vérité. « Dubitando enim, avait ajouté Abélard, ad inquisitionem venimus ; inquirendo veritatem percipimus » (3).

La *Questio* est donc essentiellement constituée par deux éléments. D'abord la position du problème, introduite par

(1) ABÉLARD, *Sic et Non*. Prologus ; PL, CLXXVIII, 1349.

(2) GILBERT DE LA PORRÉE, *Commentaria in Librum Boethii « De Trinitate »* ; PL, LXIV, 1253.

(3) ABÉLARD, *loc. cit.* Abélard reprend ainsi la notion de la *Questio* que l'on trouve chez BOÈCE, *In Topica Ciceronis commentaria*, libr. I ; PL, LXIV, 1048D : « Quaestio vero est dubitabilis propositio ». Plus tard, le terme *dubitari* sera employé, par métonymie, dans le même sens que *quaeri*. Cfr S. THOMAS, *In Evang. S. Iohannis*, XII, 31 : «Sed circa hoc *dubitatur* de tribus. Primo,... Secundo *dubitatur*... Tertio *quaeritur*. »

Queritur ; ensuite la réponse, ou la solution. Réduite à sa plus simple expression, elle ne comprend pas plus de deux propositions, clairement formulées (voir ci-après, question 1). Mais dans une forme aussi brève elle se présente plutôt rarement en plein douzième siècle. Généralement elle comporte quelques développements, soit dans la première partie, soit dans la seconde, soit en toutes deux. Ce développement est fourni, ou par l'apport de citations d'auteurs, ou par un raisonnement.

Il n'est pas difficile de remarquer ce qui distingue, du point de vue pédagogique, la *Questio* de la *Lectio*. Soumis à cette dernière méthode, l'étudiant est plutôt passif, il reçoit l'enseignement du maître. Par la *Questio*, son esprit est mis davantage en éveil et appelé à réagir, à comparer, à juger, à discuter, à creuser plus à fond un problème.

Ce qu'on peut appeler l'évolution de la *Questio* se fait à partir de la première moitié du douzième siècle, à la suite de l'introduction dans l'École des *Topiques* et des *Raisonnements sophistiques* d'Aristote (1). Sous l'influence de ces écrits, la *Questio*, dont les parties essentielles demeurent, est nouvellement organisée. La dialectique lui imprime sa forte marque et sa ferme allure. La position du problème est flanquée d'arguments pour et contre, dans la forme syllogistique ; et la solution consiste, non plus seulement à donner une simple réponse, à déterminer le sens d'une citation d'auteur, mais à réfuter en outre les arguments qui s'opposent à l'avis de l'auteur. La *Questio* se présente avec une structure toute nouvelle. L'*auctoritas* y a toujours sa place, mais elle est intégrée dans un système, le raisonnement dialectique, dont souvent elle constitue un des termes. Cette évolution est ainsi précisée par Gilbert de la Porrée : « Non omnis contradictio questio est. Cum enim altera (*contradictionis pars*) nulla prorsus habere argumenta veritatis videtur... aut cum neutra pars veritatis et falsitatis argumenta potest habere, tunc contradictio non est questio. Cuius vero utraque pars

---

(1) Cfr B. GEYER, *Die alten lateinischen Uebersetzungen der aristotelischen Analytik, Topik und Elenchik,* dans *Philosophisches Jahrbuch der Görresgesellschaft,* t. XXX, 1917, p. 23-43.

argumenta veritatis habere videtur, questio est » (1). Et successivement Abélard (2), Gilbert de la Porrée (3), Clarembault d'Arras (4) arrêtent les règles de l'élaboration de la *Questio*, dans cette nouvelle forme. Et la pratique fait suite à la théorie, comme en témoignent leurs œuvres et celles de leurs disciples. C'est l'application de la méthode dialectique, conformément aux règles de l'art, à la théologie (5).

Cependant, si ce mouvement gagne de l'ampleur, il ne parvient pas à envelopper de si tôt tous les milieux scolaires. L'école de Saint-Victor ne lui ouvrit point ses portes. Les *Questiones* insérées par Pierre Lombard dans son Commentaire sur saint Paul sont demeurées étrangères à son influence (6). Et si ailleurs le maître de l'école Notre-Dame manie l'argument dialectique, ce n'est pas par préférence personnelle, c'est que l'adversaire l'y entraîne et que les circonstances du débat l'exigent.

Mais l'école de Saint-Victor finit par s'éteindre avant la fin du siècle. Le disciple de Pierre Lombard, Pierre de Poitiers, subit l'influence de la *Logica nova*. Simon de Tournai écrit ses *Disputationes* (7), et la *Questio*, dans sa forte structure dialectique, finit par conquérir définitivement le terrain.

La *Questio* acquit la plénitude de son développement au XIIIe siècle. L'étude de la dialectique aristotélicienne était alors intense. Avant d'être admis à la Faculté de théologie, il fallait avoir suivi avec succès les leçons de la Faculté des arts. Au surplus, les cours à la Faculté de théologie étaient

---

(1) GILBERT DE LA PORRÉE, *Commentaria in Librum Boethii « De Trinitate »* ; PL, LXIV, 1258 AB.

(2) ABÉLARD, *Sic et Non*, Prologus ; PL, CLXXVIII, 1340-1345.

(3) GILBERT DE LA PORRÉE, *op. et loc. cit.*, 1258-1259.

(4) CLAREMBAULT D'ARRAS, *In Librum Boethii « De Trinitate »*. Cfr W. JANSEN, *Der Kommentar des Clarenbaldus von Arras zu Boethius « De Trinitate »*, Breslau, 1926, p. 69-75, 33*-35*.

(5) JEAN DE SALISBURY, en faisant valoir le Livre VIII des *Topiques* d'Aristote, écrit : « nam sine eo non disputatur arte, sed casu ». *Metalogicon*, libr. III, cap. X ; édit. Cl. WEBB, p. 154.

(6) Voir la liste de ces *Questiones* dans *Petri Lombardi Libri IV Sententiarum*, Quaracchi, 1916, t. I, p. XXVII-XXIX.

(7) Cfr J. WARICHEZ, *Les Disputationes de Simon de Tournai*, texte inédit (Spicilegium sacrum Lovaniense, fasc. 12), Louvain, 1932.

plus que doublés. Le Livre des Sentences était interprété par le bachelier sententiaire. Le commentaire de la Bible était donné d'abord par le curseur bibliste, ensuite par le maître en théologie. Celui-ci, en plus de sa leçon scripturaire, devait « disputer » plusieurs fois par an. Un premier type de la *Questio*, à ce dernier stade de son évolution, est le commentaire de saint Thomas sur les Sentences de Pierre Lombard. Et durant des siècles, les bacheliers en exposant ce livre devenu classique, ne se départiront plus de cette forme de présentation scientifique de leurs doctrines. Un autre modèle du genre est la *Questio disputata* ordinaire, que le maître en théologie donnait d'abord au cours de sa leçon, et qui par après en fut détachée pour devenir un exercice autonome. Les *Questiones disputatae* de saint Thomas sont demeurées célèbres entre toutes.

Mais depuis saint Thomas, — suivant certains historiens même avant lui, — il existait aussi dans l'École la *Questio* dite *de quolibet*. Pareille quant à sa forme et sa technique à la *Questio* et la dispute ordinaire, elle en différait totalement de plusieurs autres chefs. D'abord, comme son nom l'indique. elle ne comprenait pas comme objet d'étude une seule matière, mais un nombre indéterminé de sujets disparates. Ensuite, elle ne se rattachait nullement à la leçon du maître, mais figurait au programme à titre extraordinaire. Enfin ce n'était pas un exercice où le maître lui-même proposait le sujet de la discussion ; le choix des sujets était fait par les auditeurs eux-mêmes qui mettaient ainsi la science du maître à l'épreuve (1).

Il est temps de revenir aux *Questiones de divina pagina*. Il nous faut savoir dans quelle catégorie de *Questiones* il convient de placer cette œuvre. Et à cet effet il est nécessaire de l'examiner à nouveau.

Il est dans ce recueil des questions très simples, ne comprenant que deux propositions, tout juste une interrogation et la réponse. Il en est qui sont incomplètes. On y trouve l'énoncé du problème ; puis, un ou deux arguments faisant ressortir les inconvénients qui suivraient en cas d'une réponse affirmative. La solution fait défaut. Il en est, où l'auteur fait simple-

---

(1) Cfr P. MANDONNET, *S. Thomae Aquinatis Quaestiones disputatae*, Paris, 1925, t. I, p. 11.

ment appel à l'*auctoritas*, se borne même à donner une suite
de citations pour et contre, sans prendre lui-même position.
Il en est qui sont dépourvues d'*auctoritas* et où la raison
seule fournit les arguments. Mais il en est aussi où l'*auctoritas*
et la raison se passent les rôles, se chargent chacune d'un
argument, ou bien combinant leurs efforts, établissent à deux
un seul syllogisme. L'*auctoritas*, dans ce cas, est intégrée dans
le raisonnement dont elle constitue un terme, soit la majeure,
soit la mineure.

C'est surtout le rôle de la raison et l'usage de la dialectique
qu'il nous faut considérer ici. Et, sans doute, l'application
de la dialectique à ces *Questiones* est fréquente et variée.

A considérer d'abord la *Questio* dans son ensemble, nous
n'avons pas trouvé une élaboration qui s'adapte au schéma
complet : 1) position du problème, 2) arguments pour et contre,
3) solution, 4) réfutation des arguments de la partie adverse.
Il convient, de ce chef, d'attirer une fois de plus l'attention sur
le fait que ces *Questiones* nous sont livrées, dans ce manuscrit,
dans une forme souvent incomplète. A notre humble avis, un
bon nombre ont été écourtées par le copiste. Dans bien des
cas le manuscrit ne donne qu'une partie de la *Questio*.

Mais tel qu'il est, ce recueil est encore très intéressant au
point de vue dialectique. D'abord, quant à la position du
problème : celui-ci est toujours clairement énoncé. Ensuite,
quant aux arguments : ils sont présentés dans la forme du
syllogisme. Celui-ci est construit, conformément aux préceptes
d'Aristote, avec un petit nombre de propositions, brèves et nettes (1). Robert utilise, soit dans la partie *pro* et *contra*, soit dans
la *Solutio*, diverses espèces de syllogismes. Il a recours au syllogisme simple ; mais le plus souvent il se sert du syllogisme composé, et dans cet ordre, nous trouvons sous sa plume le syllogisme
conditionnel, le polysyllogisme et le dilemme. Mais rarement
le syllogisme est complet. Robert aime à procéder par enthy-
mèmes ; il lui arrive même de n'exprimer qu'une seule proposition du syllogisme (2). Ainsi, à la question 47 : « Sed opponi-

---

(1) ARISTOTE, *Topiques*, VIII, 2 ; 158ᵃ, 28-29 : ἐξ ὀλίγων γὰρ πᾶς συλλογισμός.
(2) Notons toutefois que l'enthymème dont il est question ici n'est pas
le syllogisme de ce nom dont parle ARISTOTE, *Anal. pr.*, II, 27 ; Robert se
rattache encore ici à BOÈCE, *In Topica Ciceronis*, I ; PL., LXIV, 1050 B-C.

tur. Nichil quod commune sit trium Personarum incarnatum
est ». Cette proposition est la majeure d'un argument conçu
dans la première figure. La mineure et la conclusion sont
restées dans la plume ; mais grâce au contexte il est facile de
les formuler. Ajoutons les : *Atqui divina substantia est com-
munis tribus Personis. Ergo divina substantia non est incarnata.*

La partie de la *Questio* appelée *Solutio*, présente également
des variétés. La réponse proprement dite à la question posée
n'est souvent pas donnée. Robert se borne à la formuler
dans son intérieur et réplique immédiatement à l'argument
qui avait orienté le lecteur dans le sens adverse. Ce faisant, il
argumente tantôt par voie directe, tantôt par voie indirecte.
Il s'attache au premier mode, lorsque par exemple, il se trouve
devant un sophisme basé sur une équivoque. Il distingue
alors les divers sens du terme ambigu, et oppose immédiatement la vérité à l'erreur (1). Lorsqu'il use du procédé indirect,
il découvre les inconvénients, voire même l'absurdité, de la
solution proposée ; ou bien, il met les choses au point en
faisant appel à la logique qui régit les cas contraires (2), ou en
montrant par l'exposé d'un cas analogue que l'interprétation
d'une situation ou d'un fait demeurait fort sujet à caution (3).

Ces explications suffisent, pensons-nous, à faire voir la part
de dialectique aristotélicienne mise par Robert dans la structure de ses *Questiones*. On peut se demander par quelle voie
il fut amené à le faire. Et, sans doute, il subit l'influence de
l'atmosphère scolaire qu'il fréquentait. Mais nous savons en
outre que Robert étudia et commenta lui-même les *Topiques*
d'Aristote (4). Et de ce chef il est permis d'affirmer que, si la
technique des *Questiones* révèle une frappe aristotélicienne,
c'est grâce au contact personnel de Robert avec les écrits
logiques du philosophe.

Reprenons maintenant la question posée plus haut : En
laquelle des différentes catégories de *Questiones* décrites ci-
dessus faut-il faire entrer cette œuvre de Robert ?

Certains auteurs l'ont considérée comme des Questions

---

(1) Cfr ARISTOTE, *Topiques*, VIII, 7 ; 160ᵃ, 25-30. Cfr I, 18 ; 108ᵃ, 18-37.
(2) Cfr ARISTOTE, *ibidem*, IV, 3 ; 124ᵃ, 3-6.
(3) Cfr ARISTOTE, *ibidem*, VIII, 1 ; 156ᵇ, 10-14.
(4) Cfr *supra*, p. **VII**.

quodlibétiques (1). Il importe ici de bien distinguer. « Si l'on voulait appliquer le qualificatif de quodlibétique, écrit le P. Mandonnet, aux questions de Robert de Melun, de Simon de Tournai ou d'autres analogues, ce qualificatif ne pourrait que porter sur la nature du recueil des questions qui contient effectivement un peu de tout » (2). Et c'est dans ce sens que s'est prononcé le cardinal Pitra au sujet des Questions d'Odon d'Ourscamp : « Nous sommes dans une classe des *quodlibeta* » (3). Mais il ne s'agit pas, pour le moment, du recueil ; il s'agit de chaque élément du recueil, de chaque *Questio* en particulier. La *Questio*, dans cette œuvre de Robert, est-elle une *Questio de quolibet*, ou présente-t-elle, à tout le moins, quelque chose de commun avec la Question quodlibétique ? Rappelons d'abord qu'un grand nombre des *Questiones* de Robert ne contiennent que l'énoncé du problème et une simple réponse. Pour celles-là, le cas est clair. Mais pour les autres, où la dialectique est intervenue et où Robert s'est plu à discuter ? Le P. Mandonnet a conclu : « elles ne sont pas quodlibétiques ». Et cependant, on ne peut nier qu'elles présentent au moins quelque chose de la technique des Questions disputées et des Questions quodlibétiques. Et peut-être Mgr Grabmann n'a-t-il pas voulu dire davantage. Si maintenant on s'attache au sens formel et strict des termes *Questio de quolibet*, désignant l'exercice scolaire que nous avons analysé plus haut, franchement la *Questio* de Robert de Melun ne rentre nullement dans la catégorie des questions quodlibétiques. Ce genre littéraire n'avait pas encore vu le jour au temps de Robert de Melun. Et à poser la question en ces termes, la thèse du P. Mandonnet est à l'abri de toute réplique.

Les *Questiones* de Robert de Melun ne correspondent pas non plus au genre de la dispute ordinaire. Celle-ci, d'abord, a plus d'ampleur et de plus révèle une forme dialectique

---

(1) M. GRABMANN, *Die Geschichte der scholastischen Methode*, t. II, p. 327, 554.

(2) P. MANDONNET, *Saint Thomas d'Aquin, créateur de la Dispute quodlibétique*, dans la *Revue des sciences philosophiques et théologiques*, t. XVI, 1927, p. 509-510.

(3) Card. PITRA, *Analecta novissima Spicilegii Solesmensis*, Altera continuatio, t. II, p. XII.

beaucoup plus parfaite. Le genre littéraire de ce premier écrit théologique de Robert de Melun est celui de la *Questio* au stade de sa première évolution, provoquée par son contact avec la dialectique aristotélicienne. Cette conclusion se dégage nettement de l'exposé des caractéristiques de ces *Questiones* donné ci-dessus.

Un autre point discuté tout récemment concerne les rapports de la *Questio* et de la leçon scripturaire du maître. Le P. Mandonnet est d'avis que durant le douzième siècle, la *Questio*, — simple question ou petite question disputée, — était posée et résolue par le maître au cours même de sa leçon ; elle y trouvait place à côté de la glose, non pas d'une façon arbitraire ou fantaisiste, mais en dépendance d'un texte qui y donnait lieu (1). MM. Lacombe et Landgraf n'ont pas partagé cette manière de voir. Ils ont objecté d'abord que la grande masse des commentaires du douzième siècle traitent des matières d'ordre moral, et que des maîtres qui, comme Prévostin, Simon de Tournai et Eudes de Soissons, ont laissé des questions théologiques, nous ne possédons pas de travaux scripturaires permettant de justifier la théorie du P. Mandonnet. Ils se sont appliqués ensuite à construire une autre théorie touchant la genèse des recueils de *Questiones* et le genre de celles-ci. Ils distinguent la *lectio* et la *disputatio*. La leçon comprenait l'interprétation d'un livre scripturaire ou des Sentences, ou de l'*Historia* de Pierre le Mangeur, ou de la Glose des épîtres de saint Paul de Pierre Lombard. Lorsque, au cours de cette leçon, se présentait une question qui demandait un examen approfondi, elle était réservée à la dispute. Cet exercice, supposent-ils, avait lieu après la leçon. Les plus avertis des étudiants formulaient des arguments pour ou contre la question provoquée par le commentaire du maître. Celui-ci dirigeait le débat, résumait la discussion, formulait la solution à retenir ; un rapport ou protocole était dressé par le bachelier.

---

(1) P. MANDONNET, *S. Thomae Aquinatis Quaestiones disputatae*, Paris, 1925, t. I, p. 5. IDEM, *L'enseignement de la Bible « selon l'usage de Paris »*, dans la *Revue thomiste*, 1929, pp. 489-519. IDEM, Compte-rendu d'un article de G. LACOMBE e A. LANDGRAF, dans le *Bulletin thomiste*, t. VIII, 1931, p. [233-234.]

L'ensemble de ces rapports revus par le maître, conjointement avec ses notes de cours, a constitué la matière de ces recueils de *Questiones* (2).

Arrêtons ici l'exposé de cette théorie de MM. Lacombe et Landgraf. On l'aura remarqué, la dispute n'est pas sans avoir un certain rapport avec la leçon, bien que ce rapport soit très ténu. La dispute avait lieu après la leçon ; elle était l'œuvre commune des étudiants et du maître.

Si MM. Lacombe et Landgraf en exposant ces vues s'étaient attachés à une période déterminée, assez distante du milieu du douzième siècle, je n'aurais pas à m'en occuper ici. Mais dès le début de leur exposé, ils avertissent le lecteur qu'ils entendent proposer une théorie de la *Questio* en général, sans limiter leur examen au cas d'Étienne Langton. Le problème étant posé en pareils termes, la solution esquissée par ces auteurs est d'abord trop absolue. Il y a lieu de rappeler ici la maxime : *Distingue tempora...* Dans le débat autour de la *Questio*, il est nécessaire de distinguer les différentes périodes de l'enseignement, de ne pas perdre de vue que la *Questio* a évolué et que le genre, la technique de la *Questio* et ses rapports avec une autre méthode pédagogique ne sont pas demeurés les mêmes durant tout le cours de cette évolution. Par ailleurs la théorie de MM. Lacombe et Landgraf, même à s'attacher au dernier quart du douzième siècle, manque de fermeté et de précision. De leur propre aveu, ils la basent sur une supposition. Ils se permettent de supposer que la dispute avait lieu après la leçon, sans pouvoir apporter une preuve du fait. Ils font intervenir dans le système un bachelier auquel ils assignent le rôle de rapporteur, sans se préoccuper de la date où le bachelier fit son apparition dans l'École. Enfin, cette théorie est trop exclusive. Alors même qu'une des formes de la *Questio* était la *Disputatio*, en comprenant par ce terme un exercice autonome, détaché de la *lectio* et mené de concert par les étudiants ou les auditeurs et le maître, rien n'empêche que la *Questio* dans la forme qu'elle avait antérieurement n'ait subsisté, et que le maître n'ait continué

---

(2) G. LACOMBE et A. LANDGRAF, *The « Quaestiones » of cardinal Stephen Langton*, dans *The New Scholasticism*, t. IV, 1930, p. 130 et pp. 161-164.

à poser et résoudre une question au cours de sa leçon. Le fait même existe au temps de saint Thomas. Ses leçons magistrales sur les Évangiles en sont une preuve manifeste.

Pour le cas qu'il me faut traiter ici, les *Questiones* de Robert de Melun, il est bien évident que la théorie susdite ne peut y être appliquée. J'ai donné des raisons ci-dessus, qui montrent que ces questions ont été posées et résolues au cours de la lecture d'un texte et que les moins imparfaites d'entre elles ne présentent pas les conditions requises pour prendre place dans la série des *Questiones disputatae* proprement dites. Il faut maintenir que leur genre est celui de la *Questio* au premier stade de son évolution. Du reste, l'objection faite par MM. Lacombe et Landgraf au P. Mandonnet ne porte pas. Car nous possédons de Robert de Melun un travail scripturaire qui permet d'établir nettement le rapport indiqué entre la leçon et la dispute. C'est son Commentaire des épîtres de saint Paul. Là aussi la *Questio* est manifestement intégrée à la leçon du maître (1).

Avant de terminer, il nous faut signaler encore une remarque très suggestive du P. Mandonnet, touchant l'utilisation des *Questiones* pour des travaux théologiques plus importants composés ultérieurement par certains maîtres en théologie. Au cours de cette controverse, il a écrit : « Je ne suis pas loin de penser que les quatre livres des Sentences du Lombard ne sont pas autre chose que les questions qu'il a soulevées ou disputées au cours de son enseignement de la Bible et qu'il a finalement ordonnées en un corps de doctrine théologique » (2). Nous sommes dès maintenant parfaitement convaincu que tel est le cas pour Robert de Melun. Un grand nombre des pages de sa vaste Somme théologique, les Sentences, ne sont que le développement de ses *Questiones de divina pagina* et de ses *Questiones de epistolis Pauli*. Et pour permettre au lecteur d'en juger par lui-même, nous avons placé dans les

---

(1) Du reste, je pense que G. Lacombe renonce aujourd'hui à produire encore l'objection, même pour le cas Langton, après les découvertes qu'il a faites récemment et dont il fait part dans les *Archives d'histoire doctrinale et littéraire du moyen âge*, t. V, 1930, p. 57 *et suiv.*

(2) Cfr *Bulletin thomiste*, t. VIII, 1931, p. [233].

notes qui accompagnent le texte du premier ouvrage édité
ci-après, des références au texte des deux autres œuvres.
Peut-être sommes-nous ainsi dans la vraie voie pour établir
la genèse des grandes Sommes théologiques du moyen âge.
Si on parvenait à prouver le fait, à tout le moins pour la
majorité des cas, l'importance du rôle de la *Questio* en
théologie serait placée en bien belle lumière.

4. — LES SOURCES

Les *Questiones* de Robert se présentent avec une documentation remarquable. Les citations qu'il apporte sont nombreuses
et de valeur, mais on y relève quelques cas de fausses attributions
de texte, qui sont la suite, non pas d'une distraction du copiste,
mais d'un manque de contrôle de la part de l'auteur.

Robert ne cite nulle part ni Platon, ni Cicéron, ni Boèce, ni
Aristote ; mais il est hors de doute qu'il ait connu certaines
œuvres de ces philosophes et qu'il s'en soit inspiré. Les *Topiques* d'Aristote, récemment traduites, lui ont permis de donner
à certaines parties de son œuvre la facture et la technique qui
la caractérisent.

La Bible, on le comprend, a été surtout exploitée, particu-
lièrement les Psaumes et les Épîtres de saint Paul, les livres
saints les plus étudiés dans l'École du XIIe siècle, et les Évangiles. Un grand nombre des *Questiones* ont été provoquées
par des passages de saint Matthieu et de saint Luc. De plus,
Robert a emprunté une bonne partie des *auctoritates* tant à
l'Ancien qu'au Nouveau Testament, et au cours de ses exposés
il lui arrive de faire siennes les paroles sacrées, de pure mémoire,
sans effort de pensée.

Il a eu recours à quelques-uns des Pères grecs, Origène et
S. Jean Chrysostome d'après les traductions latines existantes.
Parmi les Pères latins, ses grands appuis sont saint Augustin
et le vénérable Bède.

Comme auteur ecclésiastique nous distinguons Walafrid
Strabon. La *Glossa Ordinaria* qui lui est attribuée, — du moins
pour une certaine part, — a été fréquemment mise à contri-
bution. Robert y rattache certaines de ses questions et y
puise pour beaucoup d'autres les *auctoritates* dont il a besoin.

Mais il convient de noter que nulle part dans ce premier ouvrage l'œuvre de Strabon n'est citée sous le nom de *Glossa*. Robert en désigne l'auteur par le mot *Expositor*.

Robert est aussi resté en contact étroit avec les plus fameux maîtres de son temps, Abélard, Gilbert de la Porrée, Gratien. Je n'ai pu découvrir aucune trace d'influence des commentaires de Pierre Lombard sur les Psaumes et les Épîtres de saint Paul. Le nom d'Abélard ne paraît nulle part, ni celui de Gilbert ; mais on expérimente bientôt que Robert a vécu dans la même atmosphère, qu'il a lu leurs ouvrages et les travaux de leurs disciples. Plusieurs des questions dogmatiques ou morales de son œuvre ont été soulevées à l'occasion de leurs théories. Généralement Robert ne partage pas les vues de ces maîtres.

Il n'est pas toujours facile d'indiquer avec précision dans l'œuvre littéraire d'Abélard, de Gilbert et de leur école, l'endroit auquel se réfère tel ou tel passage des *Questiones*. Robert a-t-il puisé seulement aux œuvres du maître ou bien aussi à celles de ses disciples ? La difficulté s'accroît, quant à ces dernières, du chef que nous ne connaissons qu'approximativement la date de composition de certaines d'entre elles.

Nous pensons d'abord que Robert s'est inspiré non seulement des écrits laissés par Abélard et Gilbert, mais aussi de leur enseignement oral. Ensuite, rien ne s'oppose à admettre qu'il ait eu sous les yeux le *Liber sententiarum* sorti de l'école d'Abélard et disparu bientôt de la circulation. Je vise ici l'ouvrage sur lequel H. Ostlender a attiré récemment l'attention et qui aurait servi de source commune aux quatre Sommes de Sentences bien connues (1). Mais parmi celles-ci, Robert a-t-il utilisé les *Sententie Florianenses* et les *Sentences* de Roland Bandinelli ? J'incline à croire qu'il a pu se servir des premières, car il cite un texte qui ne se trouve pas ailleurs. Quant à la Somme de Roland, il est possible qu'elle ait été à sa disposition, mais la datation de cette œuvre n'étant qu'approximative, on ne peut rien conclure au sujet de sa priorité ; car c'est au cours

---

(1) H. OSTLENDER, *Peter Abaelards Theologia und die Sentenzenbücher seiner Schule.* Breslauer k.- theol. Dissert. 1926.

des mêmes années que Robert a dû écrire ses *Questiones*. La même difficulté se pose quant aux *Sententie divinitatis*, produit littéraire de l'école de Gilbert de la Porrée. Avec beaucoup de compétence, le Dr B. Geyer (1) s'est appliqué à fixer leur date de composition. Il pense qu'elles ont vu le jour entre les années 1141 et 1147. A l'encontre de cette conclusion, le P. Pelster (2) se propose de montrer qu'elles ont été écrites plus tard, et qu'il faut renverser les rôles, même quand il s'agit de la dernière œuvre de Robert, les *Sentences*, postérieure cependant aux années 1150-1152. Contrairement à ce que B. Geyer a cru pouvoir établir, ce serait l'auteur des *Sententie divinitatis* qui aurait emprunté à Robert de Melun, et non pas celui-ci au premier. Je ne puis m'empêcher de trouver les vues du P. Pelster très hardies en l'occurrence ; mais ne voulant préjuger en rien, et en attendant que le P. Pelster ait fait part de sa démonstration, je me rallie à l'avis du Dr Geyer. Et dès lors, il nous est permis de dire qu'il n'est pas forcément exclu que les *Sententie divinitatis* aient pu être utilisées par Robert. A défaut d'arguments qui établissent péremptoirement la priorité des *Questiones*, nous citons les *Sentences* sorties de l'école d'Abélard et de Gilbert parmi les sources de cette œuvre.

Le nom d'un autre chef d'école doit retenir ici notre attention à cause d'une controverse célèbre dont nous ne voyons pas encore la fin et qui vise l'auteur de la *Summa sententiarum*. Robert de Melun rappelle dans la question 25 : *De duabus clavibus*, l'opinion d'un « magister Hugo ». Ce nom est exprimé en toutes lettres dans le manuscrit. Or le texte cité ne se trouve pas dans le *De sacramentis*, mais dans la *Summa sententiarum*. Quel est ce maître Hugues ? Ce n'est certes pas Hugues de Mortagne, puisque de l'avis de ceux qui le considèrent comme l'auteur de la *Summa*, il n'a composé cette œuvre que vers 1155 (3), et que Robert de Melun rédigeait ses *Questiones*

---

(1) Die *Sententiae divinitatis*, herausgegeben von B. GEYER, p. 61-62.
(2) Cfr FR. PELSTER, *Literargeschichtliche Beiträge zu Robert von Melun*, dans la *Zeitschrift für kath. Theologie*, t. LIII, 1929, p. 575, note 4.
(3) Cfr M. CHOSSAT, S. I., *La Somme des Sentences, œuvre de Hugues de Mortagne* (Spicilegium sacrum Lovaniense, vol. 5), Louvain, 1923.

environ dix ans plus tôt. Il ne peut être question, me semble-t-il, que de Hugues de Saint-Victor. Ce n'est d'ailleurs pas la seule fois où un auteur du XIIᵉ siècle attribue la *Summa sententiarum* au prieur de Saint-Victor. Mais le témoignage de Robert est plus significatif que n'importe quel autre. Robert a connu personnellement l'auteur du *De sacramentis*. Il a été en relations très intimes avec l'abbaye de Saint-Victor. Il exprime ce témoignage quelques années seulement après la mort de Hugues (1141). L'argument externe en faveur de Hugues de Saint-Victor se trouve ainsi singulièrement renforcé par cette citation. Elle prouve à tout le moins que dans l'entourage immédiat de Hugues, la *Summa sententiarum* passait pour une de ses œuvres, ou qu'un des manuscrits de cette œuvre circulait déjà alors sous son nom. Je dois me borner ici à signaler simplement le fait. Aux critiques, spécialistes en cette matière, de juger ultérieurement du cas.

Robert ne pouvait manquer d'avoir recours pour ses citations aux recueils de droit canonique. Il s'est servi du *Decretum* et de la *Panormia* d'Yves de Chartres, mais a fait surtout des emprunts à Gratien. On peut constater cette dépendance du maître bolonais d'un bout à l'autre des *Questiones*, mais principalement dans la dernière partie, où sont posés des problèmes relatifs aux sacrements et aux vœux de religion. Robert trouva dans le *Decretum* des textes patristiques, des décrets des papes et des conciles, des règles de droit proprement dites. Toute la matière de la question 112, l'une des moins brèves du recueil, lui a été fournie uniquement par Gratien. Il mit aussi à profit les *Dicta Gratiani*. Un bel exemple du fait est la question 79, où un prétendu désaccord entre les citations patristiques et juridiques, au sujet de la possession du bien d'autrui, est réglé harmonieusement par la mise en valeur d'un de ces *Dicta*.

Le droit civil est représenté par une réminiscence des *Digestes* de Justinien.

On ne conçoit pas que Robert ait négligé de bénéficier des travaux antérieurs du même genre, soit pour le simple choix des matières, soit pour la réponse à donner aux problèmes posés. Il y avait certes à glaner dans les nombreuses collec-

4

tions de *Sentences* et de *Questiones* qui circulaient alors dans l'École. Parmi ces recueils nous avons noté comme sources le *Liber septem partium*, le *Liber pancrisis*, dont G. Lefèvre a publié des extraits (1), les *Problemata Heloissae* et d'autres sentences anonymes conservées à l'état de manuscrit à la Bibliothèque Nationale à Paris et à la Bodléienne à Oxford.

Nous arrêtons ici cet examen des sources, et renvoyons pour plus de détails soit à l'apparat critique, soit à la table des citations.

Il reste cependant une question. C'est le point de savoir si Robert a emprunté les textes d'auteurs anciens, citations patristiques, conciliaires et autres, aux œuvres originales, ou bien s'il s'est contenté de puiser à des écrits intermédiaires. Nous croyons que le premier cas est plutôt l'exception. Et voici quelques faits dont la considération nous amène à cette croyance. D'abord plusieurs de ces citations sont attribuées à un Père qui ne peut en réclamer la paternité, alors que les auteurs des ouvrages auxquels elles sont empruntées sont déjà à cette époque parfaitement identifiés. Ensuite, il arrive que Robert, pensant qu'il s'agit toujours d'une citation, attribue à l'auteur cité une partie du texte dont l'auteur qui le cite fait suivre la citation. Il attribue ainsi à Origène des paroles d'Abélard par lesquelles celui-ci résume un commentaire du fameux exégète (2). Enfin, Robert rapporte ces citations avec les variantes que nous trouvons chez des auteurs médiévaux, ou encore dans le même ordre où elles se suivent chez un auteur qui s'en est servi d'abord. Ces constatations nous permettent de conclure que Robert, comme tant d'autres avant et après lui, s'est dispensé de recherches personnelles, et qu'il s'est fié pour sa documentation à des travaux de seconde main. Quelles sont ces sources immédiates utilisées par Robert ? Il est difficile de les déterminer avec certitude. Mais nous ne croyons pas nous tromper en citant les commentaires du vénérable Bède sur les Évangiles, la *Glossa ordinaria*, certains écrits d'Abélard, et le *Decretum* de Gratien. Ajoutons

---

(1) G. Lefèvre, *Les variations de Guillaume de Champeaux et la question des universaux* (*Travaux et Mémoires de l'Université de Lille*, t.VI), Lille, 1898.
(2) Cfr *infra*, Qu. 72.

que pour avoir passé par ces intermédiaires, ces citations
n'ont rien perdu ni de leur signification ni de leur valeur.

5. — LA DATE DE COMPOSITION

Nous n'avons pas réussi à fixer d'une façon précise la date
de composition des *Questiones*. Il faut nous contenter d'indiquer une date approximative.

Pour ce faire, il n'est pas difficile de déterminer le *terminus
a quo*. Nous savons, grâce à Jean de Salisbury, que Robert a
commencé son enseignement à l'école des Arts de Sainte-
Geneviève en l'année 1137, et que quelques années après il a
abandonné cet enseignement pour l'étude des sciences sacrées.
L'on ne peut donc songer à fixer la date des *Questiones* avant
1140, ni immédiatement après. Un maître ès arts, fût-il très
habile, ne se métamorphose pas, même en ces temps-là, du
jour au lendemain en théologien averti, faisant preuve, comme
Robert déjà dans cette œuvre d'une vaste lecture, d'un dis-
cernement et d'un sens théologique remarquables. Par ailleurs,
les emprunts fréquents que Robert a faits au *Decretum* de
Gratien supposent que cette collection de droit canonique
jouissait déjà d'une large circulation dans l'École. Pour obtenir
pareil succès et reléguer dans l'ombre d'autres collections du
genre, p. ex., la *Panormia* d'Yves de Chartres, qu'utilisait
encore l'auteur des *Sententie divinitatis* (1), il a fallu certes
attendre quelques années. Or, c'est un fait acquis que le
Decretum parut en 1140. Nous sommes donc autorisé à croire
que le *terminus a quo* des *Questiones de divina pagina* est
l'année 1142.

Quant au *terminus ad quem*, rappelons d'abord que Robert
a composé, outre les *Questiones*, deux autres œuvres plus vastes
et plus remarquables tant pour la forme que pour les doctrines.
Il a quitté sa chaire de Paris vers l'année 1160. Ce n'est pas
trop de dire que la composition de ces deux ouvrages lui a
demandé une douzaine d'années, ce qui nous ramène vers
l'an 1148. Ensuite, tenons compte de certains détails intrin-
sèques aux *Questiones*. Robert, avons-nous dit, y fait écho à

---

(1) B. Geyer, *Die Sententiae divinitatis*, p. 38.

certaines théories de Gilbert de la Porrée. Mais rien dans son
œuvre ne nous fait soupçonner que nous nous trouvions avec
ces pages au lendemain du concile de Reims, où Robert était
présent et combattit les enseignements de l'évêque de Poitiers.
Robert, il n'y a pas à en douter, s'en serait souvenu et n'aurait pas manqué d'en faire mention dans son ouvrage aux
endroits indiqués à cet effet. Nous pensons donc que le *terminus
ad quem* est tout au plus l'année 1148, et assignons comme
date de composition des *Questiones* les années 1143-1147.

Voici d'après quelles normes nous avons élaboré l'édition
du texte.

Nous nous sommes attaché à reproduire avec une scrupu-
leuse fidélité les données manuscrites. Nous n'avons proposé
une autre leçon, une addition ou un complément, que là ou la
chose était strictement indispensable. Nous avons placé ces
additions entre crochets carrés : [   ]

La référence de la citation faite par l'auteur a été donnée,
ou complétée au besoin, en note au bas des pages.

Quatre séries de notes ont été prévues pour appuyer le
texte à chaque page. La première indique le manuscrit utilisé.
La seconde est réservée aux références. La troisième renferme
l'apparat critique. La quatrième comprend des remarques
complémentaires, s'il y a lieu, mais qui ne se rapportent pas
à la critique du texte.

Quelques citations n'ont pas pu être identifiées ; nous les
signalons comme *loci non reperti*.

Nous nous sommes efforcé de signaler dans l'apparat critique
toutes les variantes, les moindres non exceptées, parce qu'il
s'agit d'une *première* édition.

Les divisions du texte en paragraphes et alinéas sont généralement notre œuvre. Elles ont été introduites pour plus de
clarté et ont été faites, soit d'après les indications de l'auteur,
soit suivant la distinction des arguments et des idées.

Toutes les citations faites par l'auteur, soit expresses, soit
tacites, sont imprimées en italiques, alors même qu'elles n'ont
pas été soulignées dans le manuscrit.

Nous écrivons avec une majuscule les noms de personnes
et de lieux, ainsi que les titres des ouvrages cités.

TEXTE

SIGLES USITÉS DANS L'APPARAT CRITIQUE

DS = Hugues de Saint-Victor, *De sacramentis*.
P = Manuscrit latin n. 1977, Paris, Bibliothèque Natio-
       nale.
PG = *Patrologiae cursus completus*, accurante J. P. Migne,
       série grecque.
PL = *Item*, série latine.
SD = *Sententiae divinitatis*, edit. Geyer.
SF = *Sententiae Florianenses*, edit. Ostlender.
SH = Hermannus, *Epitome theologiae*.
SR = *Sententie magistri Rolandi*, edit. Gietl.
SS = *Summa sententiarum*.

QUESTIONES DE DIVINA PAGINA
A MAGISTRO ROBERTO DE MILIDUNO
PROPOSITE

[1] QUERITUR quid sit iuramentum. Iuramentum est obli-   f. 85ra
gatio verborum sub atestatione sacrorum.

[2] ITEM QUERITUR, utrum magis peccet quis provocans
alium ad periurium pro illata iniuria sciens, an qui provocatus
peierat. Qui peierat sic duobus tenetur, periurio scilicet et   5
contumatia non satisfaciendi de iniuria. Alter nonnisi provo-
catione, cum nonnunquam liceat sua repetere. Ergo, plus
peccat qui peierat. Augustinus contra dicens: *Ille homo qui
provocat hominem ad iurationem, et scit eum falsum iurare, vincit homicidam, quia homicida corpus occisurus est, ille animam ;*   10
imo duas, eius scilicet quem iurare provocavit et suam. Huic
auctoritati consentit Ecclesia.

[3] ITEM QUERITUR, utrum magis peccet qui peierat iurando
per falsos deos vel per creaturas, an per verum Deum et unum
Creatorem. Sanctior est Creator quam creature. Ergo magis   15
peccat qui iurando per Creatorem peierat quam qui per crea-

P

8-11 Ivo CARNOT., *Decretum*, p. XII, cap. 28; PL, CLXI, 787 ; *Panormia*, libr. VIII, cap. CVIII ; PL, CLXI, 1330. GRATIANUS, *Decretum*, c. 5,
C. XXII, Q. 5 ; edit. FRIEDBERG, I, 883. *Ex* S. AUGUSTINO, *Sermone de decollatione S. Ioan. Baptistae* (serm. XI de sanctis) ; PL, XXXVIII, 1409.
11-12 Ap. GRATIANUM, *loc. cit.*   14-15 Cfr S. HIER., *In Matth.*, lib. I,
cap. V ; PL, XXVI, 39-40.

---

9 *scit : huius verbi litteram* c *superscribit* P.

1-2 La même définition du serment est donnée par Robert dans *Questiones de epistolis Pauli, Rom.*, I, 9 ; Oxford, cod. Bodl. laud. lat. 105, fol.
183ra.

turam, teste Augustino : *Quanto enim per quod iuratur magis
sanctum est, tanto magis est penale periurium.* Et contra : Qui
per creaturas et per deos iurat idolatra est, quia que Deo debet
exibet creature, dicente Domino in Evangelio : *Reddes autem
5 Deo iuramenta tua.* Expositor super illum locum : *Si contingit
iurare, per Creatorem iurabis, non per creaturam. Hoc autem per
quod iurat quilibet veneratur et amat, vel timet.* Item super
eundem locum : *Dum quis iurat per aliquod quod fit a summo usque ad imum, id est, a celo usque ad capillum, in Deum peierare
10 convincitur.* Sic igitur periurio et idolatria tenetur.

Solutio. De periurio magis tenetur iste qui per Creatorem
iurat quam qui per creaturas : quia sanctius fuit per quod
iuravit. Sed tamen alter magis offendit, quia de periurio et
idolatria tenetur.

15 [4] QUERITUR, cum dicat Dominus : *Si dimiseritis homini-*
f. 85rb ‖ *bus* ‖ *peccata eorum, dimittet et vobis Pater vester celestis de-
licta vestra,* quibus dicat, subditis scilicet an prelatis. Si subditis, opponitur : quid hoc ad subditos, cum eorum non sit
vel iniurias dimittere vel penas irrogare, sed solius iudicis.
20 *Solutio.* Ad subditos spectat pro illata iniuria non velle
vindicari, sed ex corde dimittere, dicente Domino : *Michi vindictam, et ergo retribuam, dicit Dominus.*

P

1-2 Ivo, *Decretum,* p. XII, cap. XXXV ; PL, CLXI, 789. *Panormia,* libr·
VIII, cap. CXVII ; PL, *loc. cit.,* 1333. GRATIANUS, *Decretum,* c. 16, C. XXII,
Q. 1 ; edit. FRIEDBERG, I, 865.   4-5 MATTH., V, 33.   5-10 W.
STRABO, *Glossa ordinaria, in Matth.,* V, 33 ; PL, CXIV, 95.   13-14 Cfr
Ps.-CHRYSOST., *Opus imperfectum in Matthaeum* ; PG, LVI, 696.
15-17 MATTH., VI, 14   18-19 Cfr S. AUG., *Sermo in Evang. S. Matth.,*
VI, 9-13 ; PL, XXXVIII, 395.   21-22 *Deut.,* XXXII, 35 ; *Rom.,* XII, 19.

---

18 hoc : ad *add. et exp.* P ‖ 22 et : *superscr.* P.

---

3 idolatra : Cfr DU CANGE, *Glossarium mediae et infimae latinitatis,* t.
VI, p. 284.   5 Expositor : Robert, d'accord avec les auteurs qui le
précèdent, ne cite pas encore, dans cette œuvre, le travail de Strabon sous
le titre de *Glossa.* Il appelle Strabon : Expositor. Il est le premier des auteurs du XIIe siècle à citer l'œuvre de Strabon comme *Glossa,* dans son Commentaire sur les épîtres de saint Paul. Cfr H. DENIFLE, *Die abendländischen
Schriftausleger bis Luther,* Mainz, 1905, pp. 16, 56, 57, 78.   10 idolatria : pour *idololatria.* Cfr DU CANGE, *op. cit.,* t. VI, p. 284.

[5] ITEM QUERITUR, quid eorum precedat, vel dimissio nostra erga proximos, vel remissio Dei erga nos. Si dimissio nostra precedit, videmur gratiam remissionis Dei mereri. Quod si est, gratia Dei non est gratia.

Solutio. Hoc ipsum gratia est, quod remittimus.   5

[6] QUERITUR, utrum omne opus ex intentione pendeat, id est, si bona fuerit intentio bonum sit opus, et si prava fuerit intentio pravum sit opus. Unde : *Si oculus tuus fuerit simplex, totum corpus tuum lucidum erit* : *si autem nequam fuerit, totum corpus tuum tenebrosum erit.* Unde iterum : *Affectus tuus operi* 10 *tuo nomen inponit.* Quod si est, cum bona fuerit intentio Pauli Ecclesiam persequentis, quia zelo Dei hoc faciebat, bonum erat opus. Item, cum prava sit intentio alicuius pro vana gloria elemosinam dantis, pravum est et opus.

Solutio. Intentio Pauli non usquequaque bona erat, quia non 15 erat ad id ad quod debebat esse ; et sic non erat pura. Auctoritas sic determinatur. *Affectus tuus operi tuo nomen inponit,* id est, nullum opus quod facis prava intentione tuum est quod pravum non sit si malus fuerit affectus.

[7] ITEM QUERITUR, utrum omne peccatum ex voluntate 20 iudicandum sit, cum dicat Augustinus : *Omne peccatum adeo est voluntarium, quod si non voluntarium, non est peccatum.* Ergo, cum quis casu occidit hominem volens levare lapidem

---

P

6-7 Cfr ABAËLARDUS, *Ethica*, cap. XI ; PL, CLXXVIII, 652, 653 ; cap. VII ; PL, *ibidem*, 642, 650. SS, tract. III, cap. XV ; PL, CLXXVI, 113.

8-10 MATTH., VI, 22-23.   10-11 S. AMBR., *De officiis*, libr. I, cap. XXX ; PL, XVI, 66.   21-22 S. AUG., *De vera religione*, cap. XIV, n. 27 ; PL, XXXIV, 133. Cfr *Retract.* libr. I, cap. XIII, n. 5 ; PL, XXXII, 603-604.

---

2 Dei : *superscr.* P ‖ 10 iterum affectus : affectus iterum P ; inponit : inposuit P, *sed corr.* inponit ‖ 11 inponit : inposuit P, *corr.* inponit ; intentio : intenrtio P, *exp.* r ‖ 14 elemosinam : *syllabam* si *c superscr.* P.

6-7 Un aperçu historique de cette question au XIIᵉ siècle est fourni par dom ODON LOTTIN, O. S. B., *Les éléments de la moralité des actes*, Louvain, 1923, p. 26-36.

f. 85*va* ‖

in edificium ecclesie, non peccat : quia peccatum illud voluntarium non est. Sed ab Ecclesia inponitur ei censura ‖ penitentie. Ergo peccatum est.

Solutio. Peccatum pluribus modis dicitu; : peccatum dicitur
5 voluntas mala, actus malus, pena peccati, inordinatus motus qui etiam in pueris est. Itaque, quando dicit Augustinus : *Omne peccatum adeo est voluntarium,* etc., de prava voluntate et actu malo hoc dicit. Ipse tamen hoc idem retractat, non ad corrigendum, ut quidam putant, sed ad confirmandum ; vo-
10 lens omne *peccatum,* etiam *originale, in pueris esse voluntarium, quia ex mala voluntate primi parentis* procedens. Et sic cetera que casu fiunt : quia vel ex aliqua mala voluntate illorum a quibus fiunt, que precessit, vel ex aliqua bona voluntate que fuit ad aliud. Sunt qui perspicaciter intuentes dicant : Si
15 adhibuit omnem cautelam in circumspiciendo quam debuit, nec incuria eius factum fuerit, illum homicidio non teneri.

[8] Item queritur, utrum qui coacti peierant, vel quid tale faciunt, peccant. Quod non videtur velle auctoritas : *Quod vi metusve causa factum est, pro infecto habeatur.* Quod peccato
20 periurii teneatur, videtur velle Gregorius dicens : *Non omnino non voluit,* quia id voluit, verbi gratia, vitam, per quod p' riurium incurrit.

P

1-3 Cfr Will. de Campellis ; edit. G. Lefèvre, *Travaux et Mémoires de l'Université de Lille,* t. VI, mémoire n° 20, Lille, 1898, p. 79. Gratianus, *Decretum,* c. 37, D. L ; c. 11, C. XV, Q. 1 ; edit. Friedberg, I, 194, 749.
4-6 Cfr Abaelardus, *In epist. ad Romanos,* libr. II ; PL, CLXXVIII, 866 ; *Ethica,* cap. XIV ; PL, *ibidem,* 654.   18-19 Cfr Iustinianus, *Digest.,* libr. IV, cap. II, n. 1 ; edit. P. Krueger, *Corpus Iuris civilis,* Berlin, MCMXX, T. I, p. 80.   20-21 Gregorius : revera Augustinus, *Retract.,* libr. I, cap. XIII, n. 5 ; PL, XXXII, 604 : «quamvis et illa, quae non immerito non voluntaria peccata dicuntur, quia vel a nescientibus vel a coactis perpetrantur, non omnino possint non voluntaria dici.» Cfr Gratianus, *Decretum,* c. 1, C. XV, Q. 1 ; edit. Friedberg, I, 745.

---

1 non : *superscr.* P ‖ 9 putant : *superscr.* P ‖ 14 perspicaciter : perspicatiter P.

4-6 Voir un même exposé des différentes notions de péché, dans Robert de Melun, *Questiones de epist. Pauli, Rom.,* III, 20 ; Paris, Bibliothèque Nationale, cod. lat. 1977, fol. 100 *va* ; cod. Oxford, fol. 185 *vb.*

Solutio. Non cogit prior auctoritas, que legalis est ; unde in fine habetur : *Preses dixit.* Unde sine omni controversia tenetur.

[9] QUERITUR, utrum possit quis penitendo satisfacere de uno peccato ita quod non de aliis. Quod quia plurium sententia est, non oportet eorum sententiam deducere in medium, sed 5 illam tantummodo que minus nota est, quia huic maxime adversatur. Que est : Si vere penitet, caritas in eo est. Si caritas in eo est, membrum diaboli non est. Si membrum diaboli non est, membrum Christi est. Si membrum Christi est, peccatum ad mortem in eo non est. Dicit etiam Veritas : *Nemo potest* 10 *duobus dominis servire.* ‖ Paulus : *Modicum fermentum totam*   ‖ f. 85vb *massam corrumpit.* Et alibi : *Que lucis ad tenebras, que convencio Christi ad Belial?* Nota quod dicit Augustinus super *Nemo potest duobus dominis servire* : *Nullius conscientia Deum odisse potest.* Sed hoc idem postea retractat ipse corrigendo, 15 dicens : *Nondum enim legeram, Superbia eorum qui te oderunt ascendit semper.*

[10] QUERITUR, utrum mercenarius sit qui bene operatur hac intentione ut penas vitet gehennales et vitam habeat eternam.

Respondetur. Qui hoc ideo facit ut sibi in futuro bene sit. sua 20 sola utilitate considerata, et non ductus amore Dei, qui principalis et causa causalissima debet esse, revera mercenarius est·

P

2 *Preses dixit* : cfr IUSTINIANUS, *loc. cit., initio* : ait praetor.   7-9
Cfr ROLAND. BANDINELLI, *Sententie* ; edit. Gietl, p. 242.   10-11 MATTH.,
VI, 24.   11-12 I *Cor.*, V, 6.   12-13 II *Cor.*, VI, 14, 15.   14-17
S. AUG., *De sermone Domini in monte*, libr. II, cap. XIV, n. 48 ; PL, XXXIV,
1290 : «Nullius enim fere conscientia Deum potest odisse. » S. AUG., *Retract.*,
libr. I, cap. XIX, n. 8 ; PL, XXXII, 617 : «non video fuisse dicendum. Multi
enim sunt de quibus scriptum est : Superbia eorum qui oderunt te. » Cfr
W. STRABO, *Glossa ordinaria, in Matth.*, VI, 24 ; PL, CXIV, 105.
16-17 *Psalm.* LXXIII, 23.

2 *Preses* : presens, n *exp.* P ‖ 14 *dominis* : domine P ‖ 22 mercenarius :
mercennarius P.

6 minus nota : c'est-à-dire la réponse négative. Cependant ABÉLARD,
Ethica, cap. XX ; PL, CLXXVIII, 665, SS, tract. VI, cap. 13 ; PL, CLXXVI,
151, ROLAND BANDINELLI, *Sententie*, édit. GIETL, p. 242, avaient également
répondu négativement.

Omnis nostra actio et intencio ad eum dirigi debet : *Sive mori-*
mur, Domino morimur ; sive vivimus, Domini sumus. Qui man-
ducat, Domino manducet ; et qui non manducat, Domino non
manducet.

5 [II] QUERITUR, utrum malus possit quandoque bonum facere, vel bonus malum, cum dicat Veritas : *Non potest arbor*
bona fructus malos facere, neque arbor mala fructus bonos facere.
Item : *A fructibus eorum cognoscetis eos.* Iohannes in epistolis :
Qui facit peccatum ex diabolo est. Item subsequitur : *Omnis*
10 *qui natus est ex Deo, peccatum non facit, quoniam semen ipsius*
in eo manet, et non potest peccare. Item : *In hoc manifesti sunt*
filii Dei et filii diaboli. Videtur Nabugotdonosor de quo Dominus : *Virga furoris mei Assur,* cui Dominus, quia evertit
Thirum, dedit evertere Ierusalem, a Domino meruisse bonum
15 aliquod faciendo. Sic de reliquis. Videtur eciam bonus malum
fecisse in adulterando cum Bersabee, et in interfectione Urie.
Sic malus bonum et bonus malum.

Solutio. Radix homo, arbor voluntas, fructus opus. Sic

P

1-2 *Rom.*, XIV, 8.   2-4 *Rom.*, XIV, 6.   6-7 MATTH., VII, 18.
8 *Ibidem*, VII, 20.   9 IOH., *I Epist.*, III, 8.   9-11 *Ibidem*, III,
9.   11-12 *Ibidem*, III, 10.   12-15 Cfr GRATIANUS, *Decretum*, dictum
post c. 49, C. XXIII, Q. 5, §§ 1, 2 ; edit. FRIEDBERG, I, 945-946.
13 ISAI., X, 5.   13-14 Cfr EZECH., XXIX, 18-19. *Non tamen loquitur*
propheta, nec Gratianus, de eversione Tyri, neque affirmant Dominum dedisse
Nabuchodonosori evertere Ierusalem, sed dedisse Egyptum.   15-16 *II*
Reg., XI, 4.   18 *et seq.* Cfr. S. AUG., *Enchiridion*, cap. XV ; PL, XL,
238. *De sermone Domini in monte*, libr. II, cap. XXIV, n. 79 ; PL, XXXIV,
1305. W. STRABO, *Glossa ordinaria, in Matth.*, VII, 18 ; PL, CXIV, 110-111,
in Lucam, VI, 43 ; PL, *ibidem*, 265.

1 ad : in, *exp.* P *et superscr.* ad ‖ 5 bonum facere : benefacere P ‖ 14 evertere : everntere, n *exp.* P.

---

8 *et suiv.* Comp. ROBERT DE MELUN, *Questiones de epist. Pauli, Rom.*, III,25;
Paris, cod. lat. 1977, fol. 102 *va* :« Queritur utrum bona opera que fiunt ante
fidem habitam prosint, an inutilia sint.»   13-14 Une quinzaine d'années
plus tard, vers 1162, Odon d'Ourscamp rapporta le texte d'Ezéchiel avec
plus d'exactitude dans ses *Questiones*, British Museum, cod. Harley 1762,
fol. 113 : « Mereri tamen aliquando dicitur quis sine caritate, ut Nabugo-
donosor, qui servivit Deo apud Tirum, sed non nisi temporale bonum,
Unde dicitur : Dedi ei Egiptum pro opere quo servivit michi. »

ergo debet intelligi auctoritas : *Non potest arbor bona*, et cetera,
‖ vel e converso, id est, voluntatis prave et perverse non potest   ‖ f. 86*ra*
esse bonum opus. Vel voluntatis bone non potest esse malum
opus. Potest quidem in ea pendere, sed eius non est ; veluti
in arbore mala, vel e converso, fructus pendere potest etsi 5
ipsius non sit. Sic existens malus, non potest bonum facere.

[12] QUERITUR, cum spiritus alius creator, alius creatus sit,
utrum spiritus creatus alicubi sit. Quod si alicubi est, ut argu-
mentatur Augustinus, corpus est. Dicit enim *Super Genesim* :
Nichil est nisi corpus alicubi. Sed Deus non est alicubi. Ergo 10
non est corpus. Item, ad probandum quod alicubi sit, idem
Augustinus : *Spiritus creator nec loco nec tempore movetur.*
Spiritus creatus loco tantum. Corpus loco et tempore.

Solutio. Quod Spiritus creator alicubi non sit, et tamen
ubique sit, dicit Ambrosius : *Qui per molem corpoream nus-* 15
quam est, per incircumscriptam essentiam nusquam deest. Quod
sic intelligendum est : Non sic suam exibet presentiam alicubi,
quod alibi, imo ubique, non exibeat eandem. Quod dicitur :
Spiritus creatus non est alicubi ; quod si esset, corpus esset,
sic est intelligendum : Non est alicubi localiter, id est, in 20
aliquo loco, ita ut circa ipsum possint assignari corporales
dimensiones, scilicet, ante et retro, sursum, deorsum.

[13] ITEM QUERITUR, quomodo moveatur de loco ad locum.
Solutio. Sine intervallo modo est hic, modo ibi.

P

9-11 S. AUG., *De diversis quaestionibus*, qu. XX ; PL, XL, 15 : « Deus non
alicubi est. Quod enim alicubi est, continetur loco. Quod continetur loco,
corpus est. Deus autem non est corpus : non igitur alicubi est. »   12-13 S.
AUG., *De Genesi ad litteram*, libr. VIII, cap. XX, n.39 ; PL, XXXIV, 388 :
« Spiritalis (creatura) per tempora mutari posset, corporalis autem per tempora et locos... ipse nec per tempus nec per locum motus conditor Spiritus.»
Cfr ABAELARDUS, *Sic et Non*, XLIII ; PL, CLXXVIII, 1404. SD, p. 157.*
15-16 *Locus non repertus.*

---

7 La même question est traitée par HUGUES DE SAINT-VICTOR, DS, libr. I,
parte 13, cap. XVIII ; PL, CLXXVI, 224, par ROLAND BANDINELLI, *Sententie* ; édit. Gietl, p. 88, par l'auteur de la SS, tract. I, cap. V ; PL, CLXXVI,
50, et par ROBERT DE MELUN dans les *Sentences*, libr. I, part. 10, cap. IV
et V ; Bruges, cod. 191, fol. 120 *rb-vb*. La doctrine de ces auteurs est contre
Abélard. Cfr SH, cap. XXVII ; PL, CLXXVIII. 1738.

[14] QUERITUR, cur promoveri non possit, qui ad christianismum veniens ante perceptionem lavacri uxorem habuerit, et post, percepto baptismo, alteram duxit, quia bigamus est ; qui etiam si adulter, si fornicarius, si incestus ante percep-
5 tionem baptismi fuisset, non minus promoveretur. Videtur magis obesse ad promotionem quod sine peccato fieri potuit, quam illud quod sine peccato nullatenus fieri potuit.

Solutio. Gregorius : *In baptismate peccata solvuntur, non federatio coniugii.* Item, ut decor Ecclesie integer et inviolatus
10 servetur.

f. 86rb ‖   [15] ‖ QUERITUR, utrum Iohannes Baptista, mittens duos de discipulis suis ad Ihesum, ut eum interrogarent : *Tu es qui venturus es, an alium expectamus,* dubitasset de Christo, et sic de reparatione humani generis, que per mortem ipsius
15 futura erat. Quod si verum est, fidem non habuit. Si fidem non habuit, dignus vita eterna non fuit. Hoc videtur velle Gregorius in his verbis hoc exponens : *Non ait, qui venisti, quasi [dicat], cum ad inferna descensurus sum, debeo [te] nunciare inferis, qui nunciavi superis. An conveniat Filio Dei*
20 *mori, an alium ad hec sacramenta missurus es ?*

Solutio. Beda : Iohannes interficiendus ab Herode, interrogat

---

P

---

1 *et seq.* Cfr GRATIANUS, *Decretum,* c. 1, D. XXVI ; edit. FRIEDBERG, I, 95, 96.   8-9 Gregorius : *Est autem* S. AUGUSTINI, *De bono coniugali,* cap. XVIII, n. 21 ; PL, XL, 388.   12-13 MATTH., XI, 3   17-20 Gregorius : *revera* HIERONYMUS, *In Evangelium Matthaei,* libr. II, cap. XI ; PL, XXVI, 69-70 : « Non ait : tu es qui venisti ; sed, tu es qui venturus es. Et est sensus : Manda mihi, quia ad inferna descensurus sum, utrum te et inferis debeam nuntiare, qui nuntiavi superis ? An non conveniat Filio Dei, ut gustet mortem, et alium ad haec sacramenta missurus es? » Cfr W. STRABO, *Glossa ordinaria, in Matth.,* XI, 3 ; PL, CXIV, 120.   21 *et seq.* V. Beda, *In Evangelium Matthaei,* XI, 3 ; PL, XCII, 56 ; *ex* S. HIERONYMO, *loc. cit.*

---

5 promoveretur : promoverent P ‖ 16 fuit : fueit, e *exp.* P ‖ 18 *ad* : *superscr.* P ; *descensurus* : decensurus P.

---

1 *et suiv.* Voir les considérations faites par ROBERT DE MELUN, *Questiones de epist. Pauli,* I *Timoth.,* III, 2 ; Paris, Bibliothèque Nationale, cod. 1977, fol. 129 ; cod. Oxford, 105, f. 200vb-201ra.

non quia dubitet, qui aliis dixerat : *Ecce Agnus Dei*, quique
vocem Patris audierat : *Hic est filius meus dilectus* ; sed ut
missi videntes signa crederent, et dictis eius opera Christi
fidem facerent, ne alius expectaretur.

Ex verbis Gregorii habemus quod de Christo quin ipse esset   5
non dubitavit, vel de redemptione, sed de modo redemptionis.
Nesciebat enim sive per mortem sive per aliud fieret, vel sive
per propriam an per alterius mortem, sive per angelum.

[16]   QUERITUR, cum dicat Veritas : *Ve tibi, Corrozain, ve tibi,*
Bethsaida, quia si in Tiro et Sidone facte essent virtutes que 10
facte sunt in vobis, olim in cinere et cilicio penitentiam egissent,
qua ratione, qua Dei dispensatione, quave iusticia factum est,
quod illis civitatibus predicatum est, quam predicationem non
receperunt, illis vero non est predicatum ; que si verbum predicationis audirent, *in auditu auris* predicationi *obedirent.*15

A simili. Non est providi et sapientis agricole illam terram
seminare quam scit non esse aptam frugibus fructificandis ;
illam vero non seminare quam scit aptam.

Solutio. Expositor super hunc locum : *Ipse scit cuius* ǁ *sunt*   ǁ f. 86*va*
vie misericordia et veritas. Aliter : *Proposuit fines Iudee non* 20
excedere, ne scribis et phariseis et sacerdotibus occasionem ius-
tam daret persecutionis. Aliter : *Erant qui in Corrozain tunc*
essent vocandi, et in Tiro qui non essent vocandi.

Conantur et alii aliam assignare rationem. Dicunt enim hoc
ideo factum esse ut totum deputetur gratie, et nichil homini 25

P

9-11 MATTH., XI, 21.   15 *Psalm.* XVII, 45.   19-20 W. STRABO,
Glossa ordinaria, in Matth., XI, 21 ; PL, CXIV, 122, *ex* BEDA, i. h. l., *In*
Matth. Evang. expositio, libr. II, cap. XI ; PL, XCII, 58. *Psalm.* XXIV, 10.
    20-22 W. STRABO, *Glossa ordinaria, in Matth.,* XI, 21.   22-23
Ibidem.   24-25 Cfr S. AUG., *Enchiridion,* cap. XXXII ; PL XL, 248.

10 *Sidone* : Sidonie, *et* i *exp.* P ǁ 13 civitatibus : civietatibus, *et* e *exp.* P ;
predicatum : predicatus P ǁ 16 sapientis : insipientis, *et in exp.* P, *et super*
i *scribit* a ǁ 18 non : *superscr.* P.

9 La même question est posée par Héloïse à Abélard. Cfr *Problemata He-*
loissae, qu. XXV ; PL, CLXXVIII, 711.
25 Voir les développements consacrés à cette question par ROBERT DE ME-
LUN, *Questiones de epist. Pauli, Rom.,* IV, 4-6 et IX, 14-16 ; Paris, cod. 1977,

ascribatur, quia nec homo in terra, id est corda auditorum, aliquid valet, sine gratia, intus operare. Unde : *Frustra enim lingua doctoris foris laborat, nisi intus sit qui doceat* ; cum et terram infructuosam, id est corda perversorum, imbre doctrine 5 sue quandoque irriget Deus, qui *vocat ea que non sunt, tanquam ea que sunt.* Bona vero terra non fructificat nisi eo dante. Infructuosa vero nullatenus, quia ipse non dat, quia *neque qui rigat, neque qui plantat,* et cetera.

[17] QUERITUR, quid sit peccare in Filium hominis, quid in 10 Spiritum Sanctum, et utrum diversa peccata sint, cum idem sint Pater et Filius et Spiritus Sanctus ; cum et manifestum sit eum peccare in Filium qui peccat in Spiritum Sanctum, et e converso.

Solutio. Peccare in Filium hominis est ex humana fragi-15 litate derogare excellencie humane nature, scilicet quod non de Virgine natus, et cetera. In hunc modum peccare in Spiritum Sanctum, est scienter derogare divine bonitati et ascribere maligno spiritui quod bono sp'ritu scitur esse factum. Ut qui dicebant : *In Beelzebuc, principe demoniorum, eicit demonia* ; 20 vel diffidere de bonitate Dei, ut Caim, qui dixit : *Maius est peccatum meum quam ut veniam merear.* Et sic peccata quidem diversa sunt, licet non possit quis peccare in Spiritum Sanctum qui non peccet in Filium hominis vel e converso.

[18] ITEM QUERITUR, quare hoc solum peccatum quod dicitur

P

2-3 S. GREG., *Hom. XXX in Evangelia :* « nisi intus sit qui doceat, doctoris lingua exterius in vacuum laborat » ; PL, LXXVI, 1222 A. ABAELARDUS, *Theologia christiana,* libr. III : « qui (Spiritus Dei) nisi mentem instruat interius, frustra qui docet aërem verberat exterius » ; PL, CLXXVIII, 1220 C.   5 *Rom.,* IV, 17.   8 *I Cor.,* III, 7.   14 et seq. Cfr ABAE-LARDUS, *Ethica,* cap. XXII ; PL, CLXXVIII, 667 CD. *Problemata Heloissae,* qu. XIII ; *Ibidem,* 694.   19 LUC., XI, 15.   20-21 *Gen.,* IV, 13. 21-23 Cfr S. AMBR., *De Spiritu Sancto,* libr. I, cap. III, n. 54 ; PL, XVI, 717.   24 *et seq.* MATTH., XII, 32, 33.

1 in : a P, in *superscr.* P ‖ 8 et cetera : *superscr.* P ‖ 11 cum et : et *superscr.* P ‖ 17 ascribere : ascribe P.

---

fol. 102*vb* et 108*rb* ; Oxford, cod. 105, fol.187*r* et 190*vb*, I *Cor.,* III, 6-7 ; Oxford, fol. 194*va-vb,* et dans les *Sentences,* libr. I, part. VIII, cap. 89-116, Londres, Royal Library, cod. 8 G. IX, fol.64*vb*-67*va* ; Bruges, cod.191, fol. 97*vb et suiv.*

blasfemia Spiritus inremissibile dicitur. Sed ideo irremissibile dicitur, quia nunquam, id est, *nec in hoc seculo nec in futuro, remittitur.* ‖ Similiter omnia pro quibuscumque dagnatur quis, ‖ f. 86vb possunt dici irremissibilia, ut adulterium, fornicatio, homicidium, et cetera.　　　5

Ad hec quidam sic respondent. Adulterium, fornicatio, homicidium et cetera remissibilia sunt, quia peccata istius generis remitti solent. Blasfemia vero Spiritus nunquam. Sed si ideo remissibilia sunt, quia peccata istius generis remitti possunt si quis inde penitendo satisfecerit, similiter blasfemia.　　　10

Sunt qui perspicatius intelligentes dicunt, blasfemia Spiritus ideo irremissibile dicitur, quia iniustum est quod unquam remittatur, quia qui blasfemiam dixerit in Spiritum Sanctum, meretur ne ei remittatur. Omnes enim alii, etsi graviter peccent, non merentur ut eis non remittatur.　　　15

[19] QUERITUR, quid sit quod dicitur : *Mittet Filius hominis angelos suos messores, et colligent de regno suo omnia scandala et eos qui faciunt iniquitatem* ; et : *Exibunt angeli et separabunt malos de medio iustorum, et mittent eos in caminum ignis.*

Solutio. Quidam ad litteram sic intelligunt. Alii aliter. Di- 20 cunt enim angelos messores colligere omnia scandala et separare malos de medio iustorum et mittere in caminum ignis, nichil aliud esse, quam non admittere ad consortium suum malos qui per ministerium ab angelis exibitum nullatenus proficere voluerunt cum ipsi eis deputati essent custodes.　　25

P

16-17 MATTH., XIII, 41.　　　18-19 MATTH., XIII, 49.　　　20 ROB. PULLUS, *Sententie*, libr. VIII, cap. XXV ; PL, CLXXXVI, 999.

---

3 quibuscumque : cum *superscr.* P ‖ 13 qui : *superscr.* P.

---

3 dagnatur : au lieu de *damnatur.* DU CANGE, *Glossarium mediae et infimae latinitatis*, t. III, p. 3, relève dans un document daté de 1270 le verbe *dagnificare* : damnum facere. Ci-après, nous rencontrerons sous la plume de Robert de Melun : dagnum, pour damnum.

19 Cette question revient dans les *Sentences*, libr. I, part. XI ; Bruges, cod. 191, fol. 161ra.　　　20 ad litteram : c'est-à-dire, d'une séparation matérielle et locale. Ainsi encore P. LOMBARD, *Sententiae*, libr. IV, Dist. XLVI, cap. II ; édit. Quaracchi, 1916, t. II, p. 1014 : « Dividentur localiter boni a malis, ministerio angelorum ». Ici Robert ne fait que signaler cette opinion. Dans les *Sentences, loc. cit.*, il la rejette.

[20] ITEM QUERITUR, quid sit quod dicitur quod *angeli defe-*
runt preces nostras ad Deum, cum ei quem nil latet, necesse
non sit voluntates et actus nostros per internuncios manifestari, presertim cum et ipsi angeli lingue commercio non utantur.
5 *Solutio.* Angelos deferre preces nostras in conspectu Dei
nichil aliud est, quam preces nostras acceptabiliores Deo fieri
f. 87*ra* ‖   ministerio angelorum ‖ circa nos exibito.

[21] QUERITUR cur Iohannis decollatio celebretur in autumpno, cum decollatus sit imminente Pasca. Quod testatur Expo-
10 sitor super Marcum, dicens : *Quod Iohannes evangelista mira-*
culum panum scripturus premisit quod proximum erat Pascha,
dies festus Iudeorum. Matheus vero et Marcus hoc, mox occiso
Iohanne, factum commemorant. Unde colligitur decollatum fuisse
Iohannem iminente festivitate eadem, et anno sequente cum denuo
15 *Pascha rediret, misterium dominice passionis esse completum.*
Solutio. Non debet dici festum decollationis, sed festum de
collatione, quia ut in legendis eius legitur, tunc collecta sunt
ossa eius in unum ; quod qualiter factum sit Iosephus narrat.

P

1-2 W. STRABO, *Glossa ordinaria, in epistolam ad Philipp.*, IV, 6 ; PL.
CXIV, 607. TOB., XII, 12. Cfr Ps.-CHRYSOST., *Opus imperf. in Matth.*, hom.
XIII ; PG, LVI, 708-709.   2 Cfr S. ANSELMUS, *hom.*, XII ; PL, CLVIII,
656 A.   10-15 W. STRABO, *Glossa ordinaria, in Marc.*, VI, 37 ; PL,
CXIV, 203. *Ex* BEDA, *In Marc.*, libr. II, cap. VI ; *In Luc.*, libr. III, cap. IX ;
PL, XCII, 190, 448.   18 *Ex* BEDA, *In Marc., loc. cit.*; PL, XCII, 190D.
Ast vero legendo Bedam Robertus noster per imprudentiam arbitratus est a Iose-
pho scripta fuisse ea quae refert Beda ex Historia ecclesiastica, et quae reapse
renuntiat RUFINUS, *Hist. eccles.*, libr. II, cap. XXVIII ; PL, XXI, 536.

8 autumpno : aptumpno P ‖ 10 Marcum : Matheum P ‖ 16-17 de collatione : de de collatione P.

1-2 A noter que la même question est posée *infra*, p. 25.
10-16 Cette citation de Bède constitue le chapitre 76 de la première partie
du *Liber septem partium* (OXFORD, Bibliothèque Bodléenne, cod. laud. misc.
514 ; PARIS, Bibliothèque Nationale, n. 16528), dans lequel certains auteurs,
le P. Denifle, P. Fournier, L. Saltet, le P. de Ghellinck, ont cru voir la *Somme*
des Sentences d'Anselme de Laon.   16-18 Robert corrige ainsi le martyrologe de l'époque : IV cal. Septembris, decollatio Iohannis. Le martyrologe
hiéronymien porte : « IV kal. Septembris. In Provincia Palestina, civitate
Sebastea, natale sancti Ioannis Baptistae, qui passus est sub Herode rege » ;
Acta Sanctorum, Novembris t. II, 2, p. 474.

[22]   ITEM QUERITUR, quare eius decollatio non celebretur velut ceterorum natalicia martirum.

Solutio. Quia non pro fide tuenda, sed quia arguebat Herodem de adulterio, decollatus est.

[23]   ITEM QUERITUR, utrum adulterium fuit quod commisit 5 Herodes cum uxore Philippi, fratris sui. Si adulterium ibi fuit, ergo inter Philippum et Herodiadem coniugium fuit, cum constet eum non uxoratum esse.

Sola forma ibi coniugii fuit, que illum reum adulterii fecit.

[24]   QUERITUR, utrum refectio illa que facta memoratur 10 de v panibus et duobus piscibus, facta fuerit ex solis illis an ex superaddito et ex illis. Quod si ex superaddito et ex illis, potius dicendum est, illa facta fuisse ex superaddito quam ex substantia panum, quia magis ibi fuit de superaddito quam de substantia panum. Quod minime dicunt consequi, qui 15 huic sententie consenciunt, per exemplum ostendentes illud falsum esse. Nam si modico vino multum aque apponitur, et ex ea mixtura biberet aliquis, potius diceretur vinum ‖   ‖ f. 87rb bibisse dum saporem vini retineret quam aquam. Si ex solis illis, ergo vel ex illis multiplicatis, vel non multiplicatis. Quod 20 ex non multiplicatis, non videtur quomodo possit esse ; quia tam pauci in tot milia non possunt distribui. Si vero ex multiplicatis, ergo multiplicacio facta est.

[25]   QUERITUR de clavibus Petro traditis et eius successoribus, que et quot sint. Et dicunt quidam, quoniam una tan- 25 tum est clavis, que potestas dicitur ligandi atque solvendi. Quod dicitur : *Et tibi dabo claves regni celorum*, plurale pro singulari poni dicunt, id est, claves pro clave, vitantes oppo-

P

3-4 MARC., VI, 18.   10-11 MATTH., XIV, 13-21.   25 *et seq.* Cfr MAG. OMNEBENE, *cit. apud* GIETL, *Die Sentenzen Rolands*, p. 265, not. *ad lin.* 26.   27 MATTH., XVI, 19.

4 adulterio : ad adulterio, *et* ad *exp.* P ‖ 13 est : *superscr. secunda manus* P ‖ 27 plurale : plurare P.

5-9 Cfr ROBERT DE MELUN, *Quest. de epist. Pauli, I Cor.*, VII, 11 ; cod. Oxford, 105, f. 195*va*.   24 *et suiv.* A comparer avec les questions posées *infra*, p. 37-38.

sicionem qua solent urgeri qui dicunt duas esse claves, scienciam scilicet et potestatem ligandi atque solvendi, et easdem
tradi cuilibet in sacerdotem promoto. Quod mirum videtur,
cum quandoque ille qui conferre debet nullam vel parvam
5 habet scienciam, et similiter cui deberet conferri due claves,
ille nullam vel tenuem habeat scienciam.

Alii dicunt, ut magister Hugo, quod qui aliquem promovet
in sacerdotem tradit ei scienciam clavem, non tamen scienciam,
quia etsi ante habuerit scienciam ille qui promovetur, non
10 tamen habuit illam clavem ; sed hoc tradere non est nisi
potestatem tradere.

Alii dicunt, quod qui alium promovet, potestatem ligandi
atque solvendi ei tradit, et quod ea discrete uti debeat.

[26] Item queritur, quem solvit ille qui solvit, id est, vel
15 solvendum vel solutum ; et a quo solvat, id est, vel a pena vel
a culpa ; et utrum quemcumque ligaverit ligatus sit, et quemcumque solverit, solutus sit.

Dicunt quidam, quod nichil est aliud sacerdotem solvere
vel ligare aliquem, quam ostendere aliquem ligatum vel solu-
20 tum, petentes ad corroborationem sue sentencie quod Dominus
leprosos prius mundavit et mundatis precepit ut irent et osten-
derent se sacerdotibus.

P
---

7 SS, tract. VI, cap. 14 ; PL, CLXXVI, 152.   12 SR, p. 265-266.
Cfr *etiam* SS, *loc. cit.*   18-22 S. Hier., *In Evang. Matth.*, XVI, 19 ;
PL, XXVI, 118. *Cit. a* W. Strabone, *Glossa ordinaria, in Matth.*, XVI,
19 ; PL, CXIV, 142. SR, p. 248. *Quam opinionem citant* SS, tract. VI, cap.
XI ; PL, CLXXVI, 147 C, Hugo a Sancto Victore, DS, libr. II, part.
14, cap. XIII ; PL, *loc. cit.*, 564 D, *et tanquam unum ex modis interpretandi
retinuit* P. Lombardus, *Sententiae*, libr. IV, dist. XVIII, cap. VI ; edit.
Quaracchi, II, 863.   21-22 Luc., XVII, 14.

2 scilicet et : *superscr.* P ; atque : adque P ‖ 10 habuit : habueit P.

---

7 magister Hugo : Voir *ci-dessus*, Introduction, p. xlviii.

14 *et suiv.* A noter à cet endroit quelques échos d'une controverse sur
l'efficacité du sacrement de pénitence, qui demeura vive au xiie siècle.
Pour plus de détails, voir Robert Pulleyn, *Sentent.*, libr. VI, cap. LXI ;
PL, CLXXXVI, 910-912, Hugues de S. Victor, DS, libr. II, part. XIV,
cap. VIII ; PL, CLXXVI, 564-570, SS, *loc. cit.*, P. Lombard, *Sentent.*, libr.
IV, Dlst. XVIII, cap. I-VII ; édit. Quaracchi, t. II, p. 857-865.
18-22 Comparez *infra*, p. 37-39.

Alii dicunt, quod non potest quis solvere aliquem nisi dignus
fuerit ut ‖ solvatur, vel ligare nisi dignus fuerit quod ligetur.   ‖ f. 87va
Cui consenciunt expositores.

Sequitur a quo illum absolvat. A pena eterna eum absolvit
cum confitetur ei peccata peccator, quam incurreret si confiteri   5
contemneret.

Quod sequitur in priore solutione enodatum est.

[27] QUERITUR de transfiguratione Domini, utrum splendor
ille qui apparuit in carne sua vere fuerit, cum adhuc mortalis
esset. Et dicunt quidam quod vere in carne eius fuerit et quod   10
naturaliter talis erat qualem tunc se exibuit. Unde : *Speciosus
forma pre filiis hominum.* Sed, quia mortales adhuc oculi
splendorem speciei sue sustinere nequibant, adumbrabat eam
pretendens eis aliam speciem. Unde : *Vidimus eum non haben-
tem speciem neque decorem.*   15

Dicunt alii, quod vere in carne sua adhuc mortali non fuerit
splendor ille, sed apparuit in aëre formatus ; quem cum vide-
rent discipuli in facies suas ceciderunt. Unde etiam transfi-
guratio dicitur. Ad hoc etiam probandum inducunt de vesti-
mentis que apparuerunt alba *sicut nix*, qualia, ut dicit Marcus, 20
fullo non potest facere super terram. Que omnia ad misterium
nos mittunt.

[28] ITEM QUERITUR de Moyse et Helia, utrum ibi vere

P

1-2 Alii : HUGO A S. VICTORE, DS, libr. II, part. XIV, cap. VIII ; PL,
loc. cit., 568. ROB. PULLUS. *Sententiae*, libr. VI, cap. CXI ; PL, CLXXXVI,
911. GRATIANUS, *Decretum*, c. 44, C. XI, Q. 3 ; edit. FRIEDBERG, I, 656.
    3 expositores : S. HIER., *In Evang. Matth.*, XVI, 19 ; PL, XXVI, 118.
S. GREG., *Homil.* XXVI *in Evang.*, n. 5 ; PL, LXXVI, 1200. W. STRABO,
Glossa ordinaria, in Matth., XVI, 18-19 ; PL, CXIV, 142.   8-9 MATTH.,
XVII, 2.   10 S. HIER., *In Evang. Matth.*, i. h. l. ; PL, XXVI,
122. BEDA, *In Evang. Lucae*, libr. III, cap. IX ; PL, XCII, 454.
    11-12 *Psalm.* XLIV, 3.   14-15 *Breviarium Romanum*, fer. V in Coena
Domini, respons. III. *Respicit* ISAI., LIII, 2.   20-21 MARC., IX, 2.

    6 contemneret : contenneret P ‖ 8 splendor : spendor P ‖ 11 talis :
superscr. P.

    8 Voir une question connexe, *infra*, p. 35.   23 Cette question revient
plus loin, p. 36.

fuerint, cum dicat auctoritas : *Inperavit Deus celo, et misit*
Heliam ; inperavit terre et misit Moysen. Quod mirum videtur, cum alter eorum mortuus fuerit, scilicet Moyses. Quod
si ibi fuerit, ergo vel mortuus, vel vivus. Quod si vivus, ergo
5 resuscitatus. Si resuscitatus, ergo vel iterum mortuus est et in
cinere redactus, vel non. Quod si est, ergo bis mortuus. Quod
si non, vivit Moyses. Quorum quodlibet inconveniens est.

Dicunt quidam, et sane, quod nec Moyses, nec Helias ibi
fuit, sed ibi apparuerunt. Unde actoritas : *Angeli eorum ibi*
10 *apparuerunt.* Quod totum misterium est, ut dicunt expositores.

[29]   QUERITUR, utrum christianus peccet qui scit aliquem
f. 87vb ‖   peccare, postquam *corri‖puit eum* caritatis affectu *inter se*
et ipsum solum, et postea *duos* vel tres *adhibuit*, ut secretus
commonitus resipisceret ; deinde nec sic volentis resipiscere
15 peccata Ecclesie manifestavit, quam *si non audierit*, ex tunc *sit*
velut ethnicus et publicanus. Iste solus scit eius peccatum. Sed
nullus peccatum alterius quod ille solus scit debet manifestare.
Quod si fecerit, magis dicendus est proditor peccati quam
correptor. Ergo non debet peccatum alterius quis manifestare.
20   *Solutio.* Est qui debet et qui non debet. Si quis alicui peccatum suum confessus fuerit, non debet peccatum suum manifestare. Si vero non fuerit confessus et viderit aliquem peccan-
tem et incorrigibilem, debet eo ordine progredi ad manifes-
tandum eius peccatum Ecclesie quo prefixum est nobis a Do-
25 mino in Evangelio. Et nota hoc esse permissum pastoribus.

[30]   QUERITUR quid est quod dicitur : *Maius gaudium est*

P

1-2 *Videtur fundari in* S. IOH. CHRYSOSTOMO, *Homilia LVI* (al. LVII) *in*
Matthaeum : «Cur autem Moysen et Eliam in medium adducit ?... Ut dis-
cerent eum et vitae et mortis potestatem habere, ac caelestibus pariter
atque terrenis imperare » ; PG, LVIII, 550.   8-10 Cfr W. STRABO,
Glossa ordinaria, in Luc, IX, 30 ; PL, CXIV, 280.   12-16 MATTH.,
XVIII, 15-18.   26 LUC., XV, 7.

---

13 *adhibuit* : adhuit P ‖ 16 *publicanus* : puplicanus P.

---

26 La même question est traitée par ABÉLARD, *Problemata Heloissae*,
qu. XI ; PL, CLXXVIII, 692.

angelis Dei super uno peccatore penitenciam agente, quam supra
XCIX *iustis qui non indigent penitencia.* Maius bonum est
istud quam illud, id est, plures salvari iustos quam unum
peccatorem. Ergo, maius gaudium debet esse.

Solutio. Maius gaudium est et debet esse, considerato modo 5
redemptionis nostre, quo redemptus fuit homo, qui significatur
per unam ovem perditam, quam pro angelis in integritate
conservatis, qui per XCIX intelliguntur. Quia *maius est,* ut
dicit Augustinus, *perdita restaurare quam creata conservare.*

[31] QUERITUR, utrum peccata redeant. Quod videtur for- 10
tasse alicui diligenter atendenti parabolam illam, in qua narratur Dominus omne debitum dimisisse servo, quia rogavit
eum. Postea vero, quia ille noluit misereri conservi sui, *iratus*
dominus eius tradidit eum tortoribus, quoadusque redderet
universum ‖ debitum. Quod si ita est, quid sibi vult quod 15   ‖ f. 88ra
Dominus dicitur dimisisse universum debitum ? An dimittit
Deus, ut fortasse quidam dicunt, peccata conditionaliter ?
Nonne, si tunc migraret ab hac vita, salvus non esset ?

Solutio. Non redeunt peccata ita quod pro peccatis sibi dimissis dampnetur quis. Sed, si quis dimissionis peccatorum 20
ingratus extiterit, et in consimilia relabatur, pro ingratitudine
tantum punitur ac si peccata preterita nunquam essent dimissa.

[32] QUERITUR, ad quem statum possit referri murmur illud

P

5 *et seq.* Cfr S. GREG., *In Evangelia,* homil. XXXIV ; PL, LXXVI,
1247.   6-9 W. STRABO, *Glossa ordinaria, in Luc.,* XV, 7 ; PL, CXIV,
311. Cfr S. AUG., *In Evang. Iohannis,* tract. 72, n. 3 ; PL, XXXV, 1823.
W. STRABO, *loc. cit., in Matth.,* XVIII, 13 ; PL, CXIV, 146.   11-15
MATTH., XVIII, 23-35.   23 *et seq.* MATTH., XX, 11-12.

7 pro : per P ‖ 11-12 narratur : narratus P ‖ 13 misereri : miserere P ‖
16 dimisisse : didimisse P.

10 *et suiv.* Pour connaître l'importance attachée à cette question au XIIe
siècle, et les solutions que lui donnaient les maîtres de cette époque, cfr J. DE
GHELLINCK, S. I., *La réviviscence des péchés pardonnés,* dans la *Nouvelle Revue*
Théologique, t. XLI (1909), p. 400-408. Dans les *Sentences,* Robert a posé
le problème avec plus de précision, mais sa réponse n'est pas moins ferme ;
Bruges, cod. 191, fol. 261v. Cfr *Revue des sciences philosophiques et théologi-*
ques, t. XI, 1922, p. 414,   10-15 Cfr *ci-dessous,* p. 36-37.

de quo mencio fit in Evangelio, sub his verbis : *Et accipientes murmurabant adversus patremfamilias, dicentes : Hii novissimi una hora fecerunt, et pares illos nobis fecisti, qui portavimus pondus diei et estus.* Si ad presentem statum refertur, quid
5 est quod dicitur, voca operarios et redde illis mercedem ? *Acceperunt et ipsi singulos denarios,* cum in presenti vita tantum sit locus promerendi et non recipiendi. Si ad futurum statum referatur, quid est quod dicitur : *An oculus tuus nequam est, quia ego bonus sum?* Quid dicemus ? An erit in futuro
10 murmur, ubi pax summa, tranquilla quies, et concordia iocunda, ubi unicuique Deus bonum perfectum et consummatum erit ?

Solutio. Dicunt quidam quod ad presentem statum refertur. Quod dicitur : *Redde illis mercedem,* et *acceperunt singulos*
15 *denarios,* sic exponunt. Dicitur illis reddi merces dum promittitur a Deo, quia adeo securi sunt ac si iam promissum eis obtinerent.

Dicunt quidam, quod partim ad presentem, partim ad futurum referatur statum.

20 Alii dicunt, quod dicuntur murmurari nichil aliud esse quam eos admirari de larga Dei bonitate, videlicet, quod novissimi tantum sint accepturi. Simile est huic quod alibi dicitur :
t. 88rb ‖ *Domine, quando te vidimus esurientem et pavimus ; sicientem,* ‖ *et dedimus potum.* Ridiculosum enim est dicere quod hec verba
25 ibi proferantur.

Nota, hoc dicentes totum ad futurum statum referre.

[33] QUERITUR quid est quod dicitur : *Regnum celorum non est dantis, sed accipientis,* cum et bonum velle et bonum facere per que adquiritur a Deo sit. Unde : *Non est volentis neque*
30 *currentis, sed Dei miserentis;* et cum ipse solus dare possit.

Solutio. Regnum celorum non est dantis, sed accipientis, [id est], a dante non stat quin omnes habeant.

P

23-24 MATTH., XXV, 37.   27-28 W. STRABO, *Glossa ordinaria, in Matth.,* XX, 23 ; PL, CXIV, 151. *Ex* BEDA, *In Marci Evang.,* libr. III, cap. X ; PL, CXII, 235.   29-30 *Rom.,* IX, 16.

---

30 *miserentis* : misereretis P.

Aliter, *non est dantis, sed accipientis*, id est humilis et non ela-
ti, quod est : per humilitatem et non per elationem adquiritur.

[34] QUERITUR quid est quod dicitur, *Ihesum intrasse urbem
cum laudibus ut incitaret adversus se invidiam Iudeorum.* Si
incitavit eos ad invidiam, fecit eos peccare. Quod si verum est, 5
ipsi excusabiles sunt.

Solutio. Nichil aliud est Ihesum Iudeos ad invidiam provo-
casse, quam invidiam eorum mente conceptam manifestare.
Simile est illud quod dicitur de Pharaone : *Induravit Dominus
cor Pharaonis,* id est, induratum ostendit.   10

[35]   QUERITUR quid est quod dicitur : *Nisi abreviati essent
dies illi, non esset salva omnis caro.* Quassareturne divina elec-
tio si longiores essent dies illi ? An contulit aliquid divine
preelectioni dierum adbreviatio ?

Solutio. Modus loquendi est, ut cum dicitur : mortuus essem 15
nisi iste michi subvenisset. Quod etsi verum sit, non inde
sequitur quod possit quassari divina providentia.

[36]   QUERITUR, utrum homo in secundo statu non possit
non peccare. Quod si est, ex necessitate peccat. Ergo non ex
libertate arbitrii.   20

Solutio. Primus status fuit in quo potuit homo peccare et

P

1-2 W. STRABO, *loc. cit. Ex* BEDA, *In Matth. Evang.*, libr. III, cap. XX ;
PL, XCII, 89.   3-4 MATTH., XXI, 9. W. STRABO, *Glossa ordinaria, in
Matth.*, XXI, 10 : « Frequenter ingressus est civitatem Ierusalem, sed non
cum his laudibus... Quod ideo factum est, ut amplius illorum adversum se
excitaret invidiam, quia iam tempus passionis instabat.»   9-10 *Exod.*,
IX, 12 ; X, 20 ; XI, 10 ; XIV, 8.   11-12 MATTH., XXIV, 22. In Vul-
gata : Nisi breviati, etc.   21 Cfr HUGO A S. VICTORE, DS, libr. I, part.
VI, cap. XVI ; PL, CLXXVI, 272, 273.

5 incitavit : intitavit P.

9 de Pharaone : Même solution dans *Questiones de epist. Pauli, Rom.*,
IX, 7. Nous transcrivons, Paris, Bibliothèque Nationale, cod. lat. 1977, fol.
108*va* : « Sed potest dici, quod Pharao in excitatione illa non deterior effec-
tus quam prius esset, sed per signa foris posita illa malicia que prius in
mente concepta erat excitata est, et in opus erupit ; sicut invidia Iudeorum,
per hoc quod Dominus adeo gloriose veniens in Ierusalem receptus est, erupit
et scelus iam conceptum maturavit. »

non peccare. Secundus, in quo potest homo peccare, etsi potest non peccare. Tercius erit in quo non poterit homo peccare.

f. 88va ‖ Cum enim dicimus, in secundo statu non potest homo non ‖ peccare, ergo ex necessitate peccat, non sequitur quia ex 5 coactione peccare videtur. Cum dicitur, ex libertate arbitrii habet homo posse peccare, tantundem valet ac si diceretur ex libertate arbitrii nichil posse homo. Posse vero peccare, non ponit aliquid.

[37] ITEM QUERITUR, utrum homo possit esse sine peccato. 10 Debet esse sine peccato. Si ergo debet, et potest, quia si non debet, nec potest, et si non debet esse sine peccato, debet esse cum peccato, et peccatum non erit. Quod si absurdum est confiteri, necesse est hominem sine peccato debere esse, et constat non aliud debere quam potest.

15 *Solutio.* Augustinus : *Si queratur a me, utrum homo sine peccato possit esse in hac vita, confiteor posse per Dei gratiam et liberum eius arbitrium, ipsum quoque liberum arbitrium ad Dei gratiam pertinere non ambigens.*

[38] QUERITUR, utrum re vel specie tantum, in presenti 20 ab Ecclesia sumatur corpus Christi. Quod specie tantum et non re, videtur velle Gregorius, qui in fine cuiusdam communionis ita dicit, *ut quod specie sumimus, rerum veritate capiamus.*

Quod sic exponitur. Specie sumitur in presenti corpus Christi, id est, sacramentaliter, id est, ad significandam illam unionem 25 qua conformes erimus Deo. Quod tunc erit quando *videbimus eum sicut est.* Et tamen non minus re sumitur a digne sumenti-

---

P

15-18 Cfr S. AUG., *De peccatorum meritis et remissione,* libr. II, cap. VI, n. 7 ; PL, XLIV, 155.   22 S. GREG., *Libro sacramentorum,* n. 487 ; PL, LXXVIII, 142. Paris., Bibliothèque Nationale, cod. lat. 16528 (cfr *supra,* p. 14, nota) : « Credendum est verum corpus Christi quod speciali ipsius potencia ex materia panis et vini in naturam carnis Christi et sanguinis transit, nichil ibi de pristina materia remanente, nisi specie tantum et odore et gustu. Quod licet beatus Gregorius in quadam postcommunione speciem vocet, non tamen ob hoc dicit, quod pane quod consecratur corpus Christi figuretur, quia ipsum est ; sed quia aliud a nobis agendum insinuat. 25-26 I IOH., III, 2.

1-2 etsi potest non peccare : *superscr.* P ‖ 9 possit : debeat P, *exp. et superscr.* possit P.

bus. Et non mirum, si hec sumptio signum sit unius unionis, cum omnia quecumque fuerint in Ecclesia presenti signa sint eorum que erunt in futuro. In futuro enim nulla erunt que aliorum signa sint. Et hoc est rerum veritate sumere, id est non figurative.   5

[39] QUERITUR, utrum *quicquid in Deo est, Deus sit.* Quod si est, cum voluntas aliquid faciendi in Deo sit, ipsa Deus est. Sed illa potest non esse. Ergo aliquid quod Deus est, potest non esse.

Solutio. Hoc nomen voluntas equivoce accipitur. Cum dici- 10 tur : voluntas Dei est hoc faciendi, non est aliud nisi Deus volens ; et cum dicitur, hoc potest non esse, non est aliud nisi hoc non erit subiectum sue divine voluntati. Propter res ‖   ‖ f. 88vb enim subiectas sue voluntati verum est, non propter Deum volentem.   15

[40] QUERITUR, utrum omnes in pari peccato de hac vita

P

6 Quidquid in Deo est, Deus est : *a* SS, tract. I, cap. 11, *tribuitur S. Augustino* ; PL, CLXXVI, 58. *A* SR *dicitur esse Boethii* ; edit. GIETL, p. 19. *Nullo adiecto nomine auctoris refertur a* SD ; edit. GEYER, p. 160*. In posteriori opere suo,* Sentent., libr. II, part. II, cap. CXLIII, *Robertus noster hanc sententiam tribuit Isidoro* ; cod. Saint-Omer, 121, fol. 79*ra. Circa finem saec.* XII *auctor* Libri de vera philosophia *acriter contendit sententiam istam nullibi in scriptis Patrum exstare.* Cfr P. FOURNIER, *Etudes sur Joachim de Flore et ses doctrines,* Paris, 1909, p. 75-78, et GRABMANN, *Geschichte der scholast. Methode,* T. II, 1911, p. 435-436. *Ad sensum vero repperitur ap.* S. AUG., *De fide et symbolo,* cap. IX, n. 20 ; PL, XL, 193, *De Trinitate,* cap. XVII, n. 28 ; PL, XLII, 1080, *De civitate Dei,* libr. XI, cap. X, n. 2 ; PL, XLI, 325, *ap.* BOETHIUM, *De Trinitate,* cap. IV ; PL, LXIV, 1252 *et ap.* ISIDORUM HISPAL., *Etymol.* libr. VII, cap. 1 ; PL, LXXXII, 262, n. 26-27, *Sentent.,* libr. I, cap. 1, n. 6 ; PL, LXXXIII, 540.

---

3 futuro enim : futura enim P ‖ 7 sit : *superscr.* P.

---

16 *Quicquid in Deo est, Deus est.* Ce texte se rattache au mouvement d'idées que suscita l'enseignement de Gilbert de la Porrée, et fut bientôt âprement discuté au concile de Reims, en 1148. Robert de Melun y fut, avec P. Lombard et d'autres maîtres de Paris, l'adversaire de l'évêque de Poitiers. A cet endroit des *Questiones,* il limite le débat à la question de la *volonté* de Dieu. A comparer son exposé dans les *Sentences,* libr. I, part. IX, cap. I et IV ; Bruges, cod. 191, fol. 102vb et 103rb.

exeuntes pari pena plectendi sint. Sic : sunt duo qui in pari
peccato exeunt ; quorum alter in presenti temporalem penam
perpessus est, alter nullam. Post decessum pari plectuntur
pena : ille scilicet, qui in hac vita temporaliter punitus est,
5 et alter qui nullam [penam perpessus est]. Igitur omnia peccata eque gravia pari pena non plectuntur. Iniuste igitur sustinet ille temporaliter penam.

Solutio. Iudicium Dei a domo Dei incipit ; et non est temporalis pena quam sustinet iste, quia nunquam terminabitur
10 etsi hic incipiat. Hunc autem diucius affligi pena quam illum,
non est maiorem penam habere quam illum qui brevius vel
tardius affligitur ; quod in exemplis patet in contrarium.
Cicius autem transferri ad gloriam alterum illorum duorum
qui in pari caritate de hac vita migraverint, non est ipsum
15 maiorem gloriam habere.

[41] ITEM QUERITUR, cum dagnandi qui in criminalibus
exeunt, pro superadditis venialibus post hanc vitam puniendi
sint, qua pena pro venialibus puniendi sint. Si eterna pena
pro illis puniendi sunt, videtur iniuste cum eis agi : quia pena
20 indebita venialibus punientur, et sic *misericordia et veritas*
non *obviant sibi.* Alia quam eterna pena non puniuntur :
quia post hanc vitam nulla alia est punicio.

Solutio. Non est concedendum, quod pro venialibus aliqua
pena puniendi sint ; sed in aliqua pena, scilicet in eterna. Alio-
25 quin videretur pro illis pena eterna retributa. Quod falsum
est, quia penam eternam nunquam sustinuissent, si sola venia-
lia in presenti perpetrassent. Quod exemplis patet in contrarium. Pro minimo bono aliquo quod facit quis in presenti
remunerabitur in eterna gloria ; quod tamen solum non suffi-
f. 89ra ‖ 30 ceret ad promeren‖dam eternam gloriam.

[42] QUERITUR, utrum homo creatus esset nisi cecidisset

P

---

2 quorum alter : alter *superscr.* P.   8 *I Petri,* IV, 17.   16 *Psalm.*
LXXXIV, 11.

---

16 dagnandi : damgnandi P ‖ 21 *sibi* : *superscr.* P.

8-10 Cfr ROBERT DE MELUN, *Questiones de epist. Pauli, Rom.,* I, 24 ; cod.
Oxford, fol. 184rb.

angelus. Quod non videtur, cum dicat auctoritas : *Homo creatus est ut dagnum angelice ruine repararetur.*

Solutio. Modus locutionis est, ut diceretur de patre aliquo filios plures genituro, si moreretur primus, et postea alium procrearet, iste dagnum suum bene restauravit, licet nec 5 minus geniturus esset secundum et si primus non obisset.

Sed *queritur* quid est quod dicitur : *Homo est creatus ne iminutus esset numerus angelorum.*

Quod est dicere, ad tantam gloriam perventuri sunt angeli pro reparatione hominum, quantam habituri essent etsi non 10 cecidissent angeli.

[43] ITEM QUERITUR quid est quod dicitur, *animas ab angelis in sinum Abrae deferri.*

Solutio. Nichil est aliud animas ab angelis in sinum Habrae deferri quam gaudere quia admittuntur ad consorcium suum 15 concives sui, cum ipsi eis in presenti deputati essent custodes.

[44] ITEM QUERITUR, quid est quod dicitur quod *angeli deferunt preces nostras ad Deum Patrem,* cum ei quem nil latet non sit necesse voluntates et actus nostros per internun- 20 tios manifestari, cum ipsi angeli lingue officio non utantur, nec verborum commercio.

P

1-2 S.Aug., *Enchiridion*, cap. LXI (*in fine*) : « ex ipsa hominum redemptione ruinae illius angelicae detrimenta (*al.* dampnum) reparantur. » Cfr cap. LXII ; PL, XL, 261. W. Strabo, *Glossa ordinaria, in epistolam ad Ephesios*, I, 10 ; PL, CXIV, 589.   7-8 Cfr S. Aug., *Enchiridion*, cap. XXIX ; PL, XL, 246. S. Greg., *Homil. XXI in Evangelia* ; PL, LXXVI, 11 A. Honorius Augustod., *Libellus octo quaestionum*, cap. I ; PL, CLXXII, 1185. Hugo a S. Victore, DS, libr. I, part. V, cap. 30 ; PL, CLXXVI, 260.
12-13 Cfr Luc., XVI, 22.   17-18 Tob., XII, 12. W. Strabo, *Glossa ordinaria, in epist. ad Philipp.*, IV, 6 ; PL, CXIV, 607.

---

12 *animas* : *superscr.* P ‖ 16 concives : cum cives P.

12-16 Voir même question et même réponse dans les *Sentences* de Robert de Melun, Bruges, cod. 191, fol. 135ra et fol. 160rb : « Qualiter intelligendum quod dicitur, Michael conspectui Altissimi animas sanctas representare. »
17 *et suiv.* Cette question et la réponse ont déjà été faites textuellement plus haut p. 14. Comparer Robert de Melun, *Sentences*, Bruges, cod. 191, fol. 135ra et fol. 160va.

Angelos deferre preces nostras in conspectu Dei nichil aliud est quam preces nostras acceptabiles Deo fieri ministerio eorum circa nos exibito.

[45] ITEM QUERITUR, quid sibi vult quod dicitur : *Tremebunt* 5 *angeli in adventu Domini*, cum securi sint de salute sua. Unde quid faciet ibi gloria deserti ubi quacietur cedrus libani ? Iob : *Columne [celi] contremiscunt et pavent ad nutum eius.*

Solutio. Non est aliud angelos pavere quam summe venerari illum quem summe diligunt, et admirari pro concivibus 10 suis ad consorcium suum admissis.

[46] ITEM, quid est quod dicit Origenes : *Angeli suspenden-*
f. 89rb ‖ *tur ad solem, ut ibi luant si quid ‖ pulveris dum ad nos missi sunt contraxerunt.*

Solutio. Secundum quosdam heresis est. Sunt tamen qui sic 15 exponunt : Angeli suspendentur ad solem, id est, sacerdotes ad Christum.

[47] QUERITUR, cum eadem sit substantia Patris et Fillii et Spiritus Sancti, utrum substantia Patris incarnata sit. Augustinus : *Substantia Patris et Filii et Spiritus Sancti incar-* 20 *nata est.* Alibi : *Divinitas ad nos calciata venit.* Quod si substantia Patris incarnata est, et Pater incarnatus est.

Solutio. Essencia que est Patris et Filii et Spiritus Sancti incarnata est. Sed tamen non est concedendum, quod subs-

---

P

4-5 W. STRABO, *Glossa ordinaria, in Marc.*, XIII, 25 ; *Ex* BEDA, *in Marci Evang.*, libr. IV, cap. XIII ; PL, XCII, 263-264.   7 IOB., XXVI, 11.
    11-13 *Loc. non repert. Verba ista sapiunt quidem Origenem ; ea vero a scriptis ipsius Origenis hucusque non exhiberi, astruunt viri harum rerum peritissimi.*   19 *Loc. non repert.*   20 S. GREG., *Homil. VII in Evang.*, n. 3 ; PL, LXXVI, 1101 C. SD, p. 64.*

---

7 *ad nutum eius* : adventum suum P, ad nutum eius *superscr.* P ‖ 8-9 venerari : venerare P, venerari *corr.* P.

---

17 A cette question est présupposée la proposition plus générale : *Divina substantia incarnata est*, très controversée au XIIᵉ siècle. Gilbert de la Porrée la rejetait. Il fut suivi par l'auteur des SD. Robert la défendit plus tard dans les *Sentences*, libr. II, part. II ; cod. Bruges, 191, fol. 286 *ra* cod. ; Saint-Omer, 121, fol. 59*va*-61*ra*. M. F. ANDERS a très bien résumé ces pages, d'après les abrégés de Paris, dans son étude *Die Christologie des Robert von Melun* Paderborn, 1927, p. LII-LIX.

tantia Patris incarnata sit : quia sic videretur quod persona Patris incarnata esset.

Sed opponitur : *Nichil quod commune sit trium Personarum incarnatum est.*

Quod sic intelligendum est. Nichil quod commune sit trium 5 personarum, id est divinitas, factum est caro : quia non est facta ibi versibilitas nature in naturam, sed assumptio in unionem persone.

[48] ITEM QUERITUR, utrum quicquid substanciale sit uni trium personarum, substanciale sit et reliquis. Quod si est, 10 ergo cum substanciale sit Patri esse Patrem, Filio esse Filium, Spiritui esse Spiritum Sanctum, substanciale est et reliquis. Quod si est, Pater potest predicari de singulis personis, Filius de singulis, Spiritus Sanctus de singulis.

Argumentum sic falsificatur. Quicquid naturale est uni 15 trium personarum, et reliquis. Sed naturale est Filio a Patre esse per generationem. Ergo et naturale est reliquis.

[49] ITEM QUERITUR, utrum duo principia sint in Trinitate. Quod videtur. Quia principium sine principio et principium de principio est ; et preter hec principium omnium creaturarum 20 Spiritus Sanctus. Sic tria principia.

Solutio. Cum dicitur unum principium est omnium creaturarum, quod est Pater et Filius et Spiritus Sanctus, divinam essentiam predico. Cum dico principium sine principio, personam predico, scilicet Patris. Cum principium de principio,

---

P

3-4 Cfr Conc. Toletanum VI, cap. 1, *ap.* ISIDOR. MERCATOR.; PL, CXXX, 487 C.   9-10 Cfr ABAELARDUS, *Theol. christ.*, libr. III ; PL, 1232 B, 1239 C, libr. IV, *ibid.*, 1277 B.   18 *et seq.* Cfr S. AUG., *De Trinitate*, libr. IV,; cap. 20, libr. V, cap. 13 ; PL, XLII, 908, 920. ABAELARDUS, *Sic et Non*, XIV PL, CLXXVIII, 1370 A, *Theol. christ.*, libr. IV ; *ibid.*, 1291 *et seq.* SD, p. 169.*

7 versibilitas : *syllabam* si *superscr.* P ‖ 16 Filio .. esse : a Patre Filio P ‖ 17 generationem : creationem P ‖ 18 utrum : *superscr.* P.

---

5 Quod sic intelligendum est : Robert s'étend davantage sur ce point dans les *Sentences*, libr. II, part. II ; cod. Bruges, 191, fol. 286*va*, et cod. Saint-Omer, 121, fol. 59*vb*-60*ra* : « Cap. LXXVII. Quomodo intelligendum est : *Quod commune est Trinitati incarnatum non est*, et quod argumentationes, quibus probare volunt divinam substanciam incarnatam non esse, nichil cogunt.»

18 *et suiv.* Comparer ROBERT DE MELUN, *Sentences*, libr. I, part. IV, cap. III et IV ; cod. Bruges, 191, fol. 36*vb* et 37*ra*.

personam similiter, Fillii scilicet ; et sic concedendum est, quod unum tantummodo principium in Trinitate est.

f. 89va ‖   [50] ‖ QUERITUR, utrum Christus sponsus sit fatuarum virginum. Quod si sponsus, et caput. Quod si caput est, et
5 ipse Christi membra sunt. Quod si verum est, quid est quod dicitur, quod excluse sunt habentes lampades ardentes ?
Solutio. Duobus modis dicitur Christus sponsus et caput : Bonorum spiritualiter ob merita vite ; malorum, quamdiu in Ecclesia sunt per sacramentorum participationem. Quo modo
10 dicitur sponsus et caput etiam fatuarum virginum.

[51] ITEM QUERITUR, quid est quod dicitur eas sic exclusas ut eis aperiatur clamare, et Dominum respondere se eas nescire? *Solutio.* Quod dicitur eas sic ad ianuam pulsare, et Dominum respondere se eas nescire, nichil aliud est quam eas dampna-
15 tionis sentenciam accipere et in consciencia torqueri.

[52] QUERITUR, utrum Deus possit modo facere quicquid potest facere. Si Deus potest modo facere quicquid potest facere, cum infinita possit facere, et ultra infinita nulla sint, potest modo facere Deus quod nulla subsint eius potencie.
20 Ergo potest facere quod non sit omnipotens. Ergo quod non sit Deus. Item, si non potest modo facere quecumque potest facere, sed ex his quedam, ergo non est omnipotens. Ergo non est Deus.

[53] ITEM QUERITUR, si potest ea que facit minus bona facere

P

---

3 Cfr MATTH., XXV, 2-12.   16 *et seq.* Cfr *Capitula haeresum Abaelar-di* ; PL, CLXXVIII, 1049 C. *Errores Abaelardi*, 7 ; DENZINGER, *Enchiridion*, n. 374.   16-17 Cfr ABAELARDUS, *Theologia*, libr. III, cap. V ; PL, *loc. cit.*, 1102. SR, p. 58-60.   24 Cfr ABAELARDUS, *Theol. christ.*, libr. V ; PL, CLXXVIII, 1330.

---

24 facere : *superscr.* P.

---

16 Cette question et les trois suivantes se rapportent à la controverse, provoquée par Abélard, touchant la toute-puissance divine. Cfr Dom HUG. MATHOUD, *Observationes ad Roberti Pulli Sententiarum libros*, libr. I, cap. XV ; PL, CLXXXVI, 1020-1022. Dans les *Sentences*, Robert de Melun a consacré à l'exposé et à la réfutation des thèses abélardiennes une série de 29 chapitres : libr. I, part. VII, cap. I-XXIX ; Bruges, cod. 191, fol. 69vb-75rb.

quam facit. Item, minus bona iterum minus bona, et sic usque in infinitum, usquequo deteriora esse non possint. Quod si est, potest eius terminari potencia. Et sic impotens erit. Et sic non Deus.

[54] ITEM QUERITUR, si potest facere ea que facit meliora, et 5 sic usquequo perveniatur ad ipsum ; igitur vel ibi terminatur eius potentia vel ea que facit potest facere sibi equalia. Quorum utrumque inconveniens est.

[55] ITEM QUERITUR, si Deus potest facere aliqua que non vult facere. Deus non vult facere nisi ea que disposuit facere. 10 Sed plura potest facere quam que vult facere. Ergo plura potest facere quam que disposuit facere. Ergo non disposita potest facere. Item, Deus multa potest facere que nunquam faciet. Quod si ea faceret, et ea disponeret. Ergo potest disponere que non disposuit. Ergo potest incipere disponere. 15

[56] QUE‖RITUR, utrum Christus utiliore modo redimere ge- ‖ f. 89vb nus humanum potuit quam morte sua, cum Augustinus dicat : *Cum alius modus possibilis esset Deo, nullus convenientior nostre infirmitati.* Sed hoc conveniencius nostre miserie esset, Christum redemisse genus humanum morte non illata ab 20

P

5 Cfr ABAELARDUS, *Theologia,* libr. III, cap. V ; PL, CLXXVIII, 1093 *et seq.* SH, cap. XVIII ; *ibidem,* 1725 D. HUGO A S. VICTORE, DS, libr. I, part. II, cap. XXII ; PL, CLXXVI, 214-216. SS, *ibidem,* 69-70.   9 Cfr ABAE- LARDUS, *Sic et Non,* XXXV ; PL, *loc. cit.,* 1395-1397, *Theol. christ.,* libr. V, *loc. cit.,* 1321. ROB. PULLUS, *Sententie,* libr. I, cap. XV ; PL, CLXXXVI, 709-714. HUGO A S. VICTORE, DS, *loc. cit. Libellus de potestate et voluntate Dei, ibidem,* 840-842. SS, tract. I, cap. XIV ; *ibidem,* 68-69. SR, p. 49-58. 18-19 S. AUG., *De Trinitate,* libr. XIII, cap. 10, n. 13 ; PL, XLII, 1024. W. STRABO, *Glossa ordinaria, in Rom.,* V, 8 ; cod. Paris., 2579, fol. 10 (*marg ext.*), PL, CXIV, 485.

1 iterum minus bona : *superscr.* P ‖ 14 disponeret : disponerent, *et* n. *exp.* P ‖ 19 hoc : fu P.

16 Queritur : Pas de solution à cette question. A comparer ROBERT DE MELUN, *Questiones de epist. Pauli, Rom.,* V, 9 ; Paris, Bibliothèque Natio- nale, cod., 1977, fol. 101 *vb,* et dans les *Sentences,* libr. II, part. II ; cod. Bruges, 191, fol. 273 *vb-277va,* et cod. Saint-Omer, 121, fol. 41*rb-va,* dont une excellente analyse, d'après les abrégés de Paris, dans F. ANDERS, *Die Christologie des Robert von Melun,* p. XX-XXX.

aliis quam ista, quia in ista multi peccaverunt, consenciendo, et in alia nullus peccaret. Item, si nullus modus convenientior erat, obtandum erat tunc a bonis ut sic moreretur. Ergo si consensissent in morte Christi, non peccassent.

5   [57]   QUERITUR, utrum Petrus peccasset Christum negando. Christus predixit ei negationem suam. Ergo non potuit non negare. Ergo necessario negavit. Item, si Petrus post predictionem vellet non negare, peccasset : quia dictum Domini irritum fecisset ; et sic, quantum in se, Dominum mendacem.

10   [58]   QUERITUR, utrum *quicquid in Deo sit, Deus sit*. Quod si est, cum aliqua voluntas sit in Deo que esse non potest, ergo aliquid Deus est quod non esse potest. Item aliqua voluntas est in Deo que non semper fuit, et ipsa Deus est. Ergo aliquid quod est Deus incepit esse.

15   [59]   QUERITUR, cum due uniones fuissent in Christo, una videlicet carnis et anime, alia Verbi ad carnem et ad animam,

---

P

---

5 MATTH., XXVI, 34.   10 Cfr *supra*, p. 23.

---

2 nullus : nulus P ‖ 3 obtandum erat : *superscr.* P.

---

15 *et suiv.*Cette question très agitée au XIIᵉ siècle se rencontre déjà dans les *Sentences* de GUILLAUME DE CHAMPEAUX : cod. 425 de la Bibliothèque de Troyes, édité par G. LEFÈVRE, *Travaux et Mémoires de l'Université de Lille*, t. VI. *Les Variations de Guillaume de Champeaux et la question des Universaux.* Appendice, Lille, 1898, p. 35 ; *item*, cod. 3098 de la Bibliothèque Harley au British Museum, fol. 6*r*. Guillaume expose les deux opinions contraires, ne décide pas la question, mais indique assez clairement ses préférences pour l'opinion affirmative : Le Christ cessa d'être homme. ABÉLARD, *Sic et Non*, LXXXI ; PL, CLXXVIII, 1465. SR, p. 192. HUGUES DE S. VICTOR, DS, libr. II, part. I, cap. XI ; PL, CLXXVI, 401. SS, tract. I, cap. XIX ; PL, *ibid.*, 78. P. LOMBARD, *Sententie*, libr. III, dist. XXII, cap. I, établissent, de manière différente, la même conclusion que Robert de Melun. Les SD, p. 95* se prononcent résolument pour l'affirmative : « Nos vero dicimus quod Christus in illo triduo desiit esse homo, nec poterat dici : Deus est homo.» Robert de Melun reprit le problème dans les *Sentences* et maintint la position prise dès l'abord. Cfr cod. Bruges, 191, fol. 304*rb*, et surtout cod. Saint-Omer, 121, fol. 73*r* et fol. 91*rb*-94*ra*, à ce dernier endroit plus complet que le ms. de Bruges. Les mêmes autorités : S. Ambroise, S. Augustin, S. Athanase, y sont alléguées, mais le texte attribué ici, dans les *Questiones*, à S. Augustin, est cité dans les *Sentences* comme étant de S. Ambroise, et vice-versa. Nous

que ipso mortuo non desiit esse, testatur Augustinus : *Caro
separata est ab anima, Verbum a neutro,* et idem Ieronymus :
*Verbum postquam semel assumsit hominem nunquam ipsum
deposuit,* queritur, inquam, utrum ipse desiit unquam, saltem
in morte, esse homo. Quod si est, potest probari Christum 5
bis factum fuisse hominem. Sunt et actoritates que hoc videntur velle. Atanasius : *Qui non crediderit hominem denuo assumtum, anathema sit.* Augustinus, super hunc locum, *ut quid dere-
liquisti me : Clamat homo separatione Divinitatis moriturus.*
Ambrosius : *Anima est vinculum corporis et Verbi.* Sed facta 10
separatione corporis et ‖ anime, media non erat inter corpus   ‖ f. 90*ra*
et Verbum.

Solutio. Nunquam desiit esse ille homo, etsi separate sint
ab invicem caro et anima. Auctoritates quidem que videntur
vim facere, sic determinande sunt. *Qui non crediderit hominem* 15
denuo assumtum, anathema sit, id est, qui non crediderit
post resurrectionem Christum iterum vivere, anathema sit.
Clamat caro Christi separatione divinitatis moritura, id est,
clamat non pro separatione, sed quia a protectore destituta,
id est, morti exposita. Tercia leviter exponitur.   20

P

1-2 S. AUG., *In Iohannem,* tract. XLVII, n. 10 *et seq.*; PL, XXXV, 1738.
W. STRABO, *Glossa Ordinaria, in Ioh.,* X, 17 ; PL, CXIV, 397. SR, p. 191.
    3-4 Ieronymus : *revera* AUGUSTINUS, *loc. modo cit.*   7-8 Atanasius :
revera VIGILIUS TAPSENSIS, *De Trinitate,* libr. VI ; PL, LXII, 80. *Tribuitur S. Athanasio ab Abaelardo,* Sic et Non, LXXXI ; PL, CLXXVIII,
1465. *Quod quidem opus Vigilii ab ipso auctore sub nomine Athanasii
editum fuit.*   8-9 Augustinus : *revera* AMBROSIUS, *Expositione Evang.
sec. Lucam,* libr. X, n. 127 ; PL, XV, 1836.   10 Ambrosius : *ap. Am-
brosium non inveni ; legitur vero* SF, p. 21, n. 44 : « Sed si anima separata
est a corpore, quae vinculum erat Verbi et carnis... » Cfr S. AUG., *De agone
Christ.,* cap. XVIII, n. 20 : « Anima mediante divinitatis et carnis unio est
facta » ; PL, XL, 300.

---

1 que : quem P ‖ 6 bis : hunc *add., exp.* P ; videntur : videnture *et* e
exp. P ‖ 10 *et Verbi : superscr.* P ‖ 15 vim : *superscr.* P ‖ 17 resurrectionem :
rexurrectionem P ; anathema : anathama P, *et corr.* P.

---

venons de publier les fol. 92*va*-94*ra* du cod. de Saint-Omer dans la *Revue d'histoire ecclésiastique,* 1932, p. 315-322. Voir aussi F. ANDERS, *Die Christologie
des Robert von Melun,* p. LXXV-LXXVI, La question obtint récemment
un regain d'actualité. Cfr J. LEBON, *Revue d'histoire ecclésiastique,* 1927, p. 5-
82, 209-242. ADH. D'ALÈS, *Recherches de science religieuse,* 1931, p. 200-201.

[60] QUERITUR, utrum idem sit Deo scire quod esse. Quod
testatur actoritas : *Idem est Deo scire futura quod esse.* Sed
impossibile est Deum non esse. Ergo impossibile Deum nescire futura. Ergo impossibile futura non esse, quia ad Deum
5 scire futura sequitur futura esse.

Argumentum sic falsificatur. Inpossibile est Deum non
genuisse Filium. Ergo genuit necessario Filium.

Item, Deus potest plura scire quam sint : quia plura possunt
esse, que nec sunt, nec fuerunt, nec futura sunt ; que ipse
10 potest scire. Ergo potest eius augeri sciencia. Ergo non est
incommutabilis eius sciencia.

Argumentum sic falsificatur. Iste artifex post consumma-
tionem operum suorum, scit ea esse, que ante consummatio-
nem nescivit esse ; tamen plura non scit quam ante, quia non
15 est aucta eius sciencia.

[61] QUERITUR, utrum aliquis furando singulas partes alicuius integri, et easdem per tempora et intervalla, plura
comittat furta. Quod si est, cur ergo criminalia ? Quod si est,
pluribus tenetur ille.
20 Argumentum sic falsificatur. Dat quis alicui centum.libras
et easdem per partes. Ergo dat ei plura dona.

[62] QUERITUR, utrum petitio Moysi iusta fuit, *stantis in
confractione in conspectu Dei,* qua oravit pro populo his verbis :
Si dimittis, dimitte, aut dele me de libro vite. Quod est : aut
25 dimitte noxam populo, aut dele me de libro vite. Iniusta
fuit petitio, quia hac loqutione ostendebat Moyses se velle a
Deo pro populo in eternum separari. Videtur eciam ipsa iusta,
quia exaudita est, quia pepercit Deus populo illi.

P

2 *Ad sensum ap.* S. AUG., *De Trinitate,* libr. XV, cap. XIII, *circa finem* ;
PL, XLII, 1076. Cfr SD ; edit. GEYER, p. 155-156 :« Augustinus : idem est Deo
esse et posse et scire. »   8-10 SR, edit. GIETL, p. 81.   22-23 *Psalm.*
CV, 23.   24 *Exod.,* XXXII, 32, *secundum translationem* LXX : εἰ
μέν ἀφεῖς αὐτοῖς τὴν ἁμαρτίαν αὐτῶν, ἄφες. SWETE, *The old Testament in
Greek according to the Septuagint,* T. I, p. 171.   24-25 Aut dimitte noxam populo : Cfr Vulgata latina, *Exod.,* XXXII, 32.

---

6 est : *superscr.* P ‖ 12 Iste : Ite P ‖ 15 aucta : acta P ‖ 16 utrum : *superscr.* P ‖ 17 tempora : tenpora P, *et sic deinceps.*

Solutio. Non enim volebat Moyses separari a Deo, etsi
nunquam par‖ceret populo illi. Sed hoc dicens ostendebat   ‖ f. 90*rb*
ardentem animi affectum, et more amici cum amico loquentis
cum Domino loqutus est. Velut si quis dilectus filius patrem
suum rogando pro aliquo, dicat : aut dimitte huic, aut interfice   5
me. Quod nullatenus patrem velle facere confidit. Et sic
pater, filii pietate motus, parcit reo.

[63]   *Homo est Deus, homo est unitus Deo.* Hee sunt due lo-
qutiones. In utraque agitur de quadam persona que est tercia
in Trinitate. Altera istarum dicitur, quod ista persona est   10
Deus ; altera istarum dicitur, quod eadem persona est unita.
Ergo cum verum sit quod ea dicitur, et verum est quod
quedam persona est unita Deo. Ergo Deo qui est una de tribus
personis, vel alii. Sed alii non. Ergo alicui de tribus personis ;
ergo qua Trinitas in Trinitate facta est.   15
Solutio. Cum dico : homo est unitus Deo, id est, Verbum est
unitum homini, ac si diceretur : Verbum assumsit hominem, naturam non personam. Item hec tria : Verbum, caro, anima, sunt
una persona de tribus personis in Trinitate, quia aliqua persona
est hec tria. Hec tria sunt Deus. Ergo aliqua creata sunt Deus. 20

P

8 *Locutiones sunt ex schola Abaelardi.* Cfr SH, cap. XXIV; PL,
CLXXVIII, 1733 B, SF, p. 17, SD, p. 68 *. *Quas locutiones referunt et inter-
pretantur* ROB. PULLUS, *Sententie*, libr. III, cap. XVII ; PL, CLXXXVI,
786 et SS. tract. I, cap. XV ; PL, CLXXVI, 71 D.   16 Verbum... personam : S. FULGENTIUS, *De Fide ad Petrum*, cap. XVII ; PL, 772. ABAELARD.,
Sic et Non, LXIV ; PL, CLXXVIII, 1433. H. A S. VICTORE, DS, libr. II,
part. I, cap. IX : « Assumpsit autem carnem et animam, id est hominem,
naturam non personam » ; PL, CLXXVI, 394 A. *Item*, SS, tract. I, cap.
XV ; PL, *ibidem*, 70.   18-20 hec tria : Verbum... est hec tria : S.
AUG., *De Trinitate*, libr. XIII, cap. XVII, n. 22 ; PL, XLII, 1031. Cfr SD,
p. 65*.   20 Ergo aliqua creata sunt Deus : ABAELARD., *Theologia*, libr.
III, cap. VI ; PL, CLXXVIII, 1107 B : Unde aliquid creatum, vel quod non
semper fuit, concedi oportet Deum esse. » Cfr SF, p. 17, *lin.* 23-24.

7 parcit : *litteram* r *superscr.* P ‖ 9 tercia : terncia, n. *exp.* P ‖ 10-11 quod...
dicitur : *marg. pon.* P ‖ 13 est una : est *superscr.* P ‖ 14 Ergo : *superscr.* P ‖
18 Item : Intem, n *exp.* P ‖ 20 hec : *superscr.* P ; creata : creatura P.

8 *et suiv.* Cfr ROBERT DE MELUN, *Quest. de epist. Pauli, Rom.*, I, 3 ; cod.
Oxford, fol. 182*va*. Cette page a été éditée, d'après le ms. de Paris, par le
P. DENIFLE, *Die abendländischen Schriftausleger bis Luther*, p. 79. V. éga-
lement ROB. DE MELUN, *Sentent.*, l. II, p. II ; cod. Saint-Omer, fol. 83*rb*-84*vb*.

[64] QUERITUR, utrum peccato alicui reddatur pena indebita·
Quod videtur. Peccat quis ad mortem, et sic promeretur
penam eternam. Postmodum vero corde contritus accipit a
sacerdote penitenciam, septennium scilicet aut huiusmodi, que
5 pena temporalis est ; et sic remittitur ei peccatum ad mortem.
Sic ergo huic peccato non redditur debita pena.

Solutio. Peccando ad mortem promeruit penam eternam, sed
ingemiscendo promeruit ut de eterna fieret temporalis. Verbi
gracia, promeretur quis suspendium. Intercedit amicus pro
10 amico, ut tantum eruatur ei unus oculus.

[65] ITEM QUERITUR, quando promeruit istam penam temporalem : vel quando peccavit, vel post. Quando peccavit non,
quia eternam tantum ; post non, quia remissionem tantum
vere ingemiscendo.

15 *Solutio.* Peccando promeruit istam eternam, non promeruit istam temporalem.

Item punit Deus peccata que commissa sunt temporaliter
pena eterna, testante Augustino : *Peccata sunt usure, ubi plus*
f. 90va ‖ *mali est in suppliciis quam commissum est in peccatis.* ‖ Ergo
20 non secundum quantitatem culpe est quantitas pene. Ergo
iniqua mensura remetitur Deus.

Solutio. Secundum quantitatem culpe est quantitas pene,
id est, quantitatis huius est hec culpa, que hac pena, scilicet
eterna, puniri debet ; et iustum est, ut in eternum puniatur
25 qui in suo eterno noluit penitere.

[66] QUERITUR, utrum omnes parabole ita fuerint in re ut
referuntur. Quod non manifestum est. Sed opponitur. Christus,
qui est Veritas, quasdam earum retulit que in re ita non fuerunt : quia significata eorum interiorum quibus hec refere-
30 bantur non erant. Ergo, non omne quod Veritas dixit, fuit.

P

18-19 S. AUG., *Enarr. in Ps. LXXI,* 14 ; PL, XXXIV, 910. W. STRABO, *Glossa ordinaria, ibidem,* PL, CXIII, 955.

3 penam : vitam P ‖ 5 temporalis : tenporalis P, *et sic deinceps.* ‖ 15 eternam : tenporalem P ‖ 17 *plus : superscr.* P ; *suppliciis :* supliciis P ‖ 20 est :
superscr. P ‖ 27 opponitur : oponitur P.

Solutio. Cum hec referret Veritas non ideo hec referebat ut in simplicibus illis loqutionibus terminaretur veritas. Sed in mistico intellectu cum simplici comparato. Aliter. In talibus non attenditur tota loqutio perfecta ad hoc ut ibi sit veritas, sed singule dictiones ; ut in parabola de ove centesima perdita, 5 vel de drachma perdita et de homine exulante.

Nota. Parabola est rerum dissimilium naturarum inter se collectio.

[67] QUERITUR, utrum Pater et Filius unum sint.

Quod unum sint testatur Veritas in Evangelio : *Ego et Pater* 10 *unum sumus.*

Si unum sunt, quod re vera sunt, ergo aliquod unum sunt, quod Deus est, vel aliquod unum quod Deus non est. Quod non sint aliquid unum quod Deus non sit, nemo ambigit. Ergo aliquid unum sunt quod Deus est. Ergo, vel quod Pater, vel 15 quod Filius vel quod Spiritus Sanctus, vel quod tota Trinitas. Sed Pater et Filius non sunt, vel Pater vel Filius vel Spiritus Sanctus vel quod tota Trinitas. Ergo nec aliquid unum sunt quod Deus sit.

Item dicit Veritas in Evangelio : *Ego in Patre, et Pater in* 20 *me est.* Sed Pater idem est quod Paternitas et Filius idem quod Filiatio, quia proprietates ipse nichil aliud sunt quam persone ipse. Ergo cum Pater in Filio sit, Filius in Patre, Paternitas in Filio est et Filiatio in Patre.

Solutio. Ego et Pater unum sumus, id est, eiusdem subs- 25 tancie. Similiter et aliud intelligitur.

[68] QUERITUR quid factum sit de priore forma Christi, si

P

1 *et suiv.* Cfr S.Aug., *Quaestiones Evangeliorum*, libr. II, XLV ; PL, XXV, 1358.   5-6 Luc., XV, 4 ; XV, 8 ; Matth., XXV, 14.   10 Ioh., X, 30.   20 Ioh., XIV, 10.   25 Ioh., X, 30.   25-26 Matth., XVII, 2.

3 simplici : sinplici P ‖ 6 drachma : darmma P ‖ 17-18 Sed... Trinitas : *marg. pon. alia manus* P.

27 Cette question et la suivante ont déjà été traitées, presque dans la même forme, *ci-dessus*, p. 17-18.

vere talis fuit qualis apparuit discipulis in monte Thabor, videlicet, utrum eam re‖tinuit vel eam omnino deposuit. Quod
si omnino eam deposuit, aut omnino esse desiit aut in alio
subiecto fuit. Quod in alio subiecto fuisset, absurdum est.
5 Quod si esset verum, aliud subiectum informatum esset forma
Christi, et illud esset aut animal aut aliud. Quod omnino
desiit esse absonum est, cum eandem formam denuo habuisset.

　　Solutio. Talis erat naturaliter qualis apparuit glorificatus,
quia *speciosus forma pre filiis hominum.* Sed formam glorifi-
10 cationis obumbrat forma infirmitatis.

　　Alii aliter. Dicunt quidam quod talis non fuit, sed formam
talem in aëre formatam discipulis exibuit ad ostendendam
gloriam future resurrectionis, que peracto officio suo esse
desiit. Ad quod ostendendum adducunt similitudinem de
15 columba in cuius specie missus est Spiritus Sanctus.

　　[69] ITEM QUERITUR de Moyse et Helia, utrum ipsi ibi vere
fuere. Quod etsi de Helia quoquomodo potest concedi, de
Moyse iam mortuo non videtur verum esse. Nam si ibi vere
fuit Moyses, aut mortuus ibi fuit aut vivus. Quod non mortuus,
20 constat ; ergo vivus ; aut ex illo tempore vivus semper permansit, aut incineratus est. Quorum utrumque inconveniens est.

　　[70] QUERITUR, utrum vere penitenti aut non penitenti
dimittitur peccatum. Vere penitens non tenetur aliquo cri-
minali. Ergo nullum ei remittitur.
25　　Sic falsificatur. Nulli nisi opponenti respondetur. Sed iste
tacet. Ergo isti non respondetur.

　　[71] ITEM QUERITUR, utrum prius dimissa peccata vere penitenti postea inputantur ad penam, si in consimilia vel in alia
que ad mortem sint relabatur. Quod Dominus videtur velle in
30 parabola habita ad discipulos de servo cui dominus dimisit
universum debitum, nolente tamen eodem remittere conservo

P

---

9 *Psalm.* XLIV, 3.　　15 MATTH., III, 16.　　16 MATTH., XVII, 3.

---

7 esse : *superscr.* P ‖ 17 quoquomodo : *syllabam* quo *superscr.* P ‖ 20
vivus : vivuus P ‖ 23 penitens : peniten, *sed* s *al. manus add.* P ‖ 25 nisi :
superscr. P ‖ 31 universum : *superscr.* P.

---

27 Comparer *ci-dessus*, p. 19.

suo, his verbis : *Et iratus dominus eius tradidit eum tortoribus*
quoadusque redderet universum debitum. Augustinus videtur
etiam hoc velle super illum locum eiusdem Evangelii : *Sic*
Pater meus ce‖lestis faciet vobis si non remiseritis unusquis-   ‖ f. 91*ra*
que fratri suo de cordibus vestris, dicens : *Si non dimiseritis ex* 5
corde quod in vos delinquitur, et hoc quod dimissum erat a
vobis exigetur.

Solutio. Eadem peccata individua non inputantur ad penam ; sed quia pro illis dimissis ingratus extitit, pro ingratitudine magis punitur. Verbi gracia. Magis punit dominus servum 10
cui noxas sepius condonavit quam illum cui nunquam dimisit.

[72] ITEM QUERITUR, utrum sacerdos peccata possit remittere vere penitenti, corde contrito accedenti. Actoritas : *In*
quacunque hora ingemuerit peccator, remittuntur ei peccata. Sed
antequam accedat ad sacerdotem ingemuit. Ergo antequam 15
accederet ad sacerdotem remissa fuerunt ei peccata. Ergo, aut
bis remissa sunt, aut sacerdos non remittit.

Quod sacerdos nulla peccata remittat, videtur velle Ambrosius, dicens : *Solum Verbum Dei peccati iudex est, et sacerdos.*
Sacerdos vero solum officium exibet. Nullius iura potestatis exer- 20
cet. Dum suis gravibus quis premitur, aliena non diluit. Origenes : *Errant qui putant quod potestas ligandi atque solvendi*

P

1-2 MATTH., XVIII, 34.   3-5 MATTH., XVIII, 35.   5-7
Augustinus : *revera autem* S. GREGORIUS, *Dialog.* libr. IV, cap. 60 ; PL,
LXXVII, 428. *Refertur a* GRATIANO, *Decretum*, c. 2, D. 4, de poen.; edit.
FRIEDBERG, I, 1229, *a* SH ; PL, CLXXVIII, 1758, *a* SS, tract. VI, cap. XIII ;
PL, CLXXVI, 150 *et a* SD, p. 148. *His tribus ultimis locis falso etiam S. Hie-*
ronymo tribuitur.   13-14 *Respicit* EZECH., XVIII, 21-22, XXXIII, 12-15.
19-21 S. AMBR., *De Cain et Abel*, libr. II, cap. IV, n. 15 ; PL, XIV, 348.
GRATIANUS, *Decretum*, c. 51, D. 1, de poen.; edit. FRIEDBERG, I, 1170 : « Verbum Dei dimittit peccata. Sacerdos est iudex. Sacerdos quidem suum
officium exhibet, et nullius potestatis iura exercet.»   21 *et seq* ABAE-
LARD., *Ethica*, cap. XXVI ; PL, CLXXVIII, 675D. *Citata verba non sunt*
ergo Origenis, sed Abaelardi, qui tamen summam exhibet dictorum ab Origene,
in Matth., XVI, 19, libr. XII, n. 14 ; PG, XIII, 1014- 1015. Cfr *etiam* SR,
p. 267.

6 *delinquitur* : relinquitur, *alia manus* relinquitur *corr.* P ‖ 15 sacerdotem : *subsequitur brevis lacuna* P ; antequam : *priores syllabas ante superscr.*
P ‖ 19 *est* : *superscr.* P.

tradita sit omnibus episcopis. Solis enim illis tradita est qui non in
sublimitate cathedre, sed in dignitate meritorum Petrum imitantur.

Quod remittat, videtur velle Iohannes Crisostomus, dicens :
Non potest quis graciam quam peccando amiserat recuperare, nisi
5 *post remissionem.* Quod remittat, videtur adtestari Deus, dicens Petro et sic vicariis Petri : *Quodcumque ligaveritis super*
terram, erit ligatum et in celis.

Videtur etiam ipse Deus per prophetam hoc ipsum inpro-
bare, dicens : *Benedicam maledictionibus vestris, et maledicam*
10 *benedictionibus vestris.*

Sic ergo utrobique raciones et actoritates adducte perplexam
istam reddunt questionem.

Solutio. Cum primo ingemiscit peccator remittitur ei reatus.
f. 91rb ‖ Sed adhuc ‖ tenetur debito satisfactionis exterioris ; quam si
15 neglexerit facere non absolvitur ab reatu. Si vero exteriorem
satisfactionem compleverit, absolvi merebitur ; et sic omnino
dimissum fuerit peccatum.

A simili. Peccat servus in dominum. Reconciliatur ei dando
ei x marcas. Ignoscit ei dominus ut aliquando persolvantur
20 decem marce. Absolutus servus a culpa, tenetur debito x
marcis, quas si persolverit in integrum, recuperata erit domini
sui amicicia.

[73] Sed QUERITUR a quo absolvat eum sacerdos, cum videatur pocius eum ligare.

25 Hic diversi diversa dicunt.

Quidam, quod absolvit eum a futura pena, si occulta fuerit
penitencia.

P

---

6 Iohannes Crysostomus : cfr GRATIANUS, *Decretum*, c. 41, D. 1, de poen.;
edit. FRIEDBERG, t. I, 1168, *qui, post Maurinos, censet substituendum esse*
Chromatium *pro* Chrysostomo. *Quod etiam notant* Editores Quaracchi, *Petri*
Lombardi Libri IV Sententiarum, t. II, p. 847, not. 1.   7-8 MATTH.,
XVI, 19.   10-11 MAL., II, 2.   14-18 *Ita, ad sensum*, HUGO A S.
VICTORE, DS, libr. II, p. XIV, cap. VIII ; PL, CLXXVI, 567 CD, et SS, tract.
VI, cap. XI ; PL, CLXXVI, 147, 149 A.   26 Quidam : cfr SS, *loc. cit.*, 149·

---

2 sublimitate : sullimitate ; *Petrum* : *superscr.* P ‖ 6 *ligaveritis* : ligaveris,
et litteras ti *superscr.* P ‖ 9 *maledictionibus* : malecdictionibus P ‖ 11 actoritates : *superscr.* P ‖ 14 satisfactionis : satifactionis P ‖ 19 marcas : marca,
P *et corr.* marcas *al. manus* P ; Ignoscit : Ignocit P ; ut : *superscr.* P.

Alii dicunt, quod per sacerdotem meretur effici membrum Christi, et sic participare sacramentis Christi, quibus ante indignus erat.

[74] QUERITUR, utrum promissio solum facta sit Abrae et semini eius, his verbis: *In semine tuo benedicentur omnes gentes.* 5

Solutio. Solis Iudeis facta est, sed non de solis Iudeis, imo et de gentibus ipsis Iudeis, veluti cum promittit quis alicui quod aliquam rem dabit alii.

[75] QUERITUR, quare prohibitum sit in tempore gratie coniuges de cognatione sua accipere, cum licitum fuisset eis ante. 10

Solutio. Propter dilatandam caritatem factum est, ut quos non coniungeret linea consanguinitatis, iungeret saltem vinculum maritalis federis.

[76] ITEM QUERITUR, utrum id quod prohibitum est bonum esset an malum, quando prohibitum fuit. Si bonum fuit, 15 ergo aliquod bonum prohibitum fuit. Si aliquod malum, ergo aliquod malum ante concessum fuit.

Falsificatur. Circumcisio prohibita est tempore gratie, que aliquando aliquod bonum fuit. Ergo aliquod bonum prohibitum fuit.   20

[77] QUERITUR, quid factum sit de illo cibo quem Christus assumsit postquam resurrexit a mortuis, cum Veritas ipsa testetur: *Omne quod in os intrat in ventrem vadit, et in secessum emittitur,* et cum post resurrectionem corpus spirituale habuisset, cum ante fuisset animale, in figura ‖ corporum que habi- 25 ‖ f. 91va turi sumus post resurrectionem non egentium cibo vel potu.

Solutio. Dicunt quidam non opportere super hoc querere.

Alii, non esse super hoc mirandum, cum etiam angeli apud quosdam hospicio recepti legantur comedisse, qui nec ventrem, nec os, nec secessum habuerunt, et quod ab eis in cibum 30

P

5 *Gen.*, XXII, 18.   23-24 MATTH., XV, 17.   28-29 *Gen.*, XVIII, 1-9.

3 indignus : *syllabam* in *superscr.* P ‖ 10 eis : ei P ‖ 18 Circumcisio : *syllabam* ci *superscr.* P ‖ 23 *in os* : *superscr.* P ; *secessum :* cesessum ‖ 30 os : hos P.

21 *et suiv.* Cfr ROBERT DE MELUN, *Questiones de epist. Pauli, Hebr.*, XIII, 2 ; cod. Oxford, 105, fol. 203va.

sumebatur velut aliquod cremabile in igne positum sine mora
consumebatur.

[78] QUERITUR, utrum a sacerdote excommunicandus sit
ille qui furatus rem alterius, post terciam monitionem eidem
5 sacerdoti penitens confessus fuerit non habens unde dagnum
resarciat. Si eum excommunicaverit debito pene eum ligabit,
a quo prius eum absolvit, et cui Deus peccatum dimisit, quia
vere penituit. Si vero eum non excommunicaverit, conque-
retur ille cuius res furtim sublate sunt, dicens secum iniuriose
10 agi, et in progressu temporis deponet querelam in conspectu
prelatorum.
   Solutio. Mos est gerendus petenti et excommunicandus est
ille quem dicunt quidam vinculo anathematis teneri.

[79] QUERITUR, utrum omnis iudex qui secundum decreta
15 sanctorum patrum iudicat, iuste iudicet. Sed iudicat quandoque coniungendos in matrimonio quos linea consanguinitatis
coniungi non patitur. Quod ignoranter facit. Fallitur ergo. Non
est ergo imunis a vicio, testante Augustino : *Minimum distat
in vicio, inter fallere et falli.* Item, aliquem falso acusatum et
20 idoneis religiosis prius convictum pene adiudicat vel pecunia
multat, quem imunem a crimine inposito novit, quia non
potest iudices refellere. Ligat ergo non ligandum et sciens ;
ergo iniuste. Ergo sectando decreta patrum, scienter iniuste
iudicando peccat ad mortem, cum etiam *de dubiis iudicare*
25 *periculosum sit,* et cum *ea que nescimus quo animo fiant in*
meliorem partem vertere debemus. De talibus dicit Deus per

P
―――――

18-19 Cfr S.AUG., *Enchiridion,* cap. XVIII : « sive quisque fallatur sive
mentiatur, utcumque falli quam mentiri minus est malum, quantum pertinet
ad hominis voluntatem » ; PL, XL, 241. GRATIANUS, *Decretum,* c. 7, C. XXII,
Q. 2 ; edit. FRIEDBERG, t. I, p. 869.   24-25 W. STRABO, *Glossa Ordinaria,*
in Matth., VII, 1 ; PL, CXIV, 107 et *in I Cor.,* IV, 3 : « Periculosum est vobis
de ignotis cordis mei vel aliorum iudicare » ; cod. Paris, 2579, fol. 44v (*inter-*
lin.) ; PL, CXIV, 525.   25-26 Cfr S. AUG., *De sermone Dei in monte,*
libr. II, cap. XVIII ; PL, XXXIV, 1296. W. STRABO, *ibidem, in Rom.,* XIV,
4 et 13 ; cod. Paris. 2579, fol. 30 v (*in marg.*), PL, CXIV, 514-515.

――――
4 monitionem : vonitionem P ‖ 8 non : *superscr.* P ‖ 12 gerendus : *su-*
perscr. P ‖ 21 multat : muttat P ‖ 24 *dubiis : syllabam* du *superscr.* P.

prophetam : *Benedicam maledictionibus vestris, et maledicam benedictionibus vestris ; ve, qui dicitis bonum malum et malum bonum.*

Solutio. Non fallitur Ecclesia, nec sic iudicando debet dici iniuste iudicare a semitis sanctorum Patrum non exorbitando, 5 quos non licet immutare.

Item, videtur ecclesiasticum iu‖dicium penitus dissonare ab ‖ f. 91*vb* actoritate sanctorum Patrum. Dicit Augustinus : *Frustra expetit penitenciam qui ablata non nititur reddere.* Alia : *Non purgatur peccatum, nisi restituatur ablatum.* Salomon : *Pari* 10 *pena plectendi sunt qui aliorum errata corrigere negligunt.* Alia actoritas : *Longiturnitas temporis non aufert peccatum sine satisfactione.* His omnibus actoritatibus videtur obviare ecclesiasticum iudicium, quo sancitur : *Ut si quis rem alterius inconcusse tricennali vel quadragenali possederit possessione, transeat* 15 *illa in ius suum, et non liceat de cetero petitori eum calumpniari, etiam si ille qui tantum possedit mala fide possederit.*

Solutio. Iudicia Ecclesie canonice facta semper iusta sunt, nec actoritates inportant aliquam iniuriam. Quod iudicat illum qui sic inconcusse tenuit rem alienam, deinceps iuris 20 illius esse, ad reprimendam eius desidiam facit qui tanto tempore siluit et sua repetere neglexit, et sic ad captelam aliorum provisum est. Actoritas sic determinatur. *Non purgatur peccatum, nisi restituatur ablatum* : non debet dici iam ablatum quod tandiu inconcusse possessum est.   25

P

1-2 MAL., II, 2.   2-3 ISAI., V, 20.   8-10 S. AUG., *Epist.* 153, *ad Armentarium et Paulinam (Epist.* 54, *ad Macedonium)* ; PL, XXXIII, 662. Ivo, *Decretum,* part. X, cap. 4 ; part. XV, cap. 25 ; PL, CLXI, 803, 862. GRATIANUS, *Decretum,* c. I, C. XIV, Q. 6 ; edit. FRIEDBERG, I,742.   10-11 Cfr *Sap.*, XVIII, 11 : « Simili autem poena servus cum domino afflictus est. » SF, p. 12.   12-13 Cfr S. AUG., *Enchiridion,* cap. 65 ; PL, XL, 262, *et* GRATIANUS, *Decretum,* c. 84, D. I, de poen ; edit. FRIEDBERG, I, 1183.   14-17 GRATIANUS, *Decretum,* Dicta Gratiani post c. 15, C. XVI, Q. 3, §§ 3-6 ; edit. FRIEDBERG, I, 794-795.   19-23 GRATIANUS, *ibidem,* §§ 2-3.

---

1 *maledictionibus* : malecdictionibus P ‖ 7 *ab* : *superscr.* P ‖ 8 Augustinus : *litteram* A *superscr.* P ‖ 9 *non nititur* : nititur non P ‖ 13 actoritatibus : *syllabam* ta *superscr.* P ‖ 15 *possederit* : *bis pon. et altera vice positum exp.* P ‖ 15 *transeat* : tranxeat P ‖ 20 inconcusse : *syllabam* in *superscr.* P.

---

22 captela : Cfr Du CANGE, *Glossarium mediae et infimae latinitatis,* II, 147.

Sed opponitur. Quanto diuturnior aliquis peccator est, tanto nequior est. Ergo, longiturritate temporis iustius eam non possedit.

Solutio. Posset quidem res iuste possideri in processu tem-
5 poris, que tempore retroacto iniuste possidebatur, ut, dum mulierem concubinam habet quis, iniuste eam possidet, postmodum vero eam iuste habere potest, si legitime duxerit eam.

Nota, quod ille qui sic iniuste rem adquisivit et adquisitam possedit, debet satisfacere quod eam rem sic adquisivit et
10 tempore transacto sic possedit, non quia sic eam modo possidet, quia canonice eam modo possidet. Et nota quod de rebus ecclesiasticis agitur.

[80] QUERITUR, cum virtus baptismi inviolabilis sit, utrum baptismus reiterandus sit a quocumque fiat, cum baptismus
f. 92*ra* ‖ 15 semper Dei sit, quia *neque qui rigat, neque qui plantat aliquid* ‖ *est, sed qui incrementum dat Deus*, et eos redarguit Paulus qui dicebant : *Ego sum Pauli, ego sum Apollo, ego Cephe.* Sed videtur quoddam decretum obviare, quo dicitur : *Si sacerdos qui baptizatus non fuerit aliquem baptizaverit et postea com-*
20 *pertum fuerit quod baptizatus non sit, rebaptizetur ipse et quotquot ab eo baptizati sunt.*

Solutio. Istud decretum datum est fortasse pro tempore, aliqua urgente causa ; sed postea immutatum et correptum est, in hunc modum : *Ut illi qui nesciverunt se baptizatos non*
25 *esse et baptizaverint ipsi baptizentur, non illi qui ab eis baptizati sunt.* Quod ait Augustinus : *Non effugatur gemitus columbe delicto ministrantis.*

P

---

12 Cfr SD, p. 122*   15-16 *I Cor.*, III, 7.   17 *I Cor.*, I, 12.
18-21 Conc. apud Compendium. Cfr Ivo, *Panorm.* I, 96 ; PL, CLXI, 1066. ABAELARDUS, *Sic et Non*, CX ; PL, CLXXVIII, 1506. GRATIANUS, *Decretum*, c. 60, C. I, Q. 1 ; edit. FRIEDBERG, I, 380. Cfr *ibidem* notationes « correctorum » i. h. l.   26-27 Cfr S. AUG., *In Iohan.*, tract. V, n. 7 ; PL, XXXV, 1419 : « Non exhorreat columba ministerium malorum, respiciat Domini potestatem. »

---

7 legitime : *syllabam* gi *superscr* P ‖ 18 quo : quod P ‖ 22 est : *superscr.* P ‖ 23 immutatum : *ultimam litteram* t. *superscr.* P ‖ 25 baptizaverint : *huius verbi partem* erint *superscr.* P.

[81] QUERITUR, utrum Deus possit omnia hodie que heri potuit. Heri potuit facere quod iste non nasceretur vel aliquod consimile, et sic progrediente tempore singulis diebus minorata est eius potencia. Ergo non potest hodie omnia que heri potuit, quia hodie non potest quod iste natus non sit.   ·   5

Solutio. Quidam dicunt et hoc posse Deum, scilicet, ne natus sit iste, et hoc etiam ne facta sint quecumque facta sunt. Sed Augustinus *ad Faustum Manicheum* e contra : *Sicut non possunt non evenire que futura sunt, sic non fuisse que fuerunt. Non est in divina sapiencia ut eo aliquid falsum sit quo ipsum* 10 *verum est.*

[82] QUERITUR, utrum cum omnis homo sit proximus noster exigatur a nobis ut unusquisque a nobis diligatur. Multi sunt homines quos nescimus esse ; illos non diligimus, testante Augustino : *Non visos possumus diligere vel odisse, sed* 15 *non ignotos : quia etsi non visi, fama vel litteris nota est eorum probitas vel inprobitas.* Ergo exigitur a nobis quod facere non possumus.

Solutio patet.

Augustinus super hunc locum, *Omnis qui irascitur fratri suo,* 20 etc.: *Licentia irascendi causa est homicidii. Tolle iram et homicidium non fit. Quod si oculus tuus scandalizat te,* etc.: *Si contemplatio vertitur in tedium, vel superbiam, dimitte eam, et*

P

8-11 S. AUG., *Contra Faustum Manichaeum,* libr. XXVI, cap. IV ; PL, XLII, 481 : « Tam non possunt futura non fieri, quam non fuisse facta praeterita, quoniam non est in Dei voluntate, ut eo sit aliquid falsum, quo verum est.»   15-17 S. AUG., *In Iohan.,* tract. XC, n.1 ; PL, XXXV, 1858 : « Et de hominibus quidem fieri potest ut eos saepe quos nunquam vidimus diligamus ; ac per hoc nec illud a contrario impossibile est, ut eos quos nunquam vidimus, oderimus. Fama quippe de aliquo sermocinante seu bene seu male, fit non immerito ut amemus vel oderimus ignotum. »   20 MATTH., V, 22.   21-22 Augustinus : *Revera* PS.-CHRYSOST.; *Opus imperf. in Matth.,* hom. XI, n. 29 ; PG, XLI, 689 : « Nam si concedatur licentia irascendi, datur et causa homicidii faciendi... Tolle autem iram, et homicidium non fit. » W. STRABO, *Glossa ordinaria, in Matth.,* V, 22 ; PL, CXIV, 93. 22 MATTH., V, 29.   22 *et seq.* W. STRABO, *ibidem* ; PL, CXIV, 94.

---

1 heri : eri P ǁ 4 heri : eri P ǁ 20 Augustinus : *littera* A *deest* P.

---

1 *et suiv.* Comparer *ci-dessus* p. 28-29.

f. 92rb ‖ *transi ad activam. Melius est enim in activa sal‖vari quam in contemplativa dagnari.*

[83] QUERITUR, utrum plus exigitur a servo illo cui commissa sunt duo talenta, *intellectus* videlicet *et operatio*, quam 5 ab illo cui commissum est unum, scilicet solus intellectus. Ab eo cui commissum fuit unum talentum, exigitui ut secundum unum, scilicet intellectum, operetur. Ab eo cui commissa sunt duo talenta non exigitur nisi illud idem, videlicet, ut secundum intellectum operetur. Ergo non plus ab uno quam ab alio. 10 Item, plus commissum est huic quam illi. Ergo plus exigitur ab eo, aut falsa est actoritas qua hoc dicitur : *Cui committitur plus, plus exigitur ab eo.*

Solutio. Plus exigitur ab eo cui plus commissum est, quia exigitur ab eo ut in intellectu proficiat, et alios intelligere 15 faciat ; et preter hoc, cum possit exteriora administrare, ut in elemosinarum exibitione et huiusmodi non desistat. Ab illo cui minus committitur, hoc solum exigitur ut In intellectu proficiat, et alios intelligere faciat.

[84] QUERITUR, utrum cum mentiri sit contra mentem fari 20 mentiatur ille qui ex intentione dandi aliqua alicui promittit ; postea, mutato proposito, non dat quod promisit. Falsum est quod dixit, quia quod promisit non dedit cum dare posset.

[85] ITEM QUERITUR quando incepit esse falsum quod dixit, cum tunc non fuisset falsum quando hoc dixit, et fortasse 25 postea de illa re nunquam loqutus est.

[86] ITEM QUERITUR, utrum cum promisisset aliquid promeruisset, cum hoc pia intentione fecisset. Quod si, pro aliquo promeruit mendacio.

P

1-3 MATTH., XXV, 14.   2 S. HIER., *In Evang. Matth.*, cap. XXV, 14 ; PL, VII, 186. S. GREG., *Hom.* 9 *in Evangelia ;* PL, LXXVI CD.   11-12 S. AUG., *Epist.* 194 (al. 105), cap. VI, n. 24 ; PL, XXXIII, 882. *Respicit.* LUC., XII, 48. W. STRABO, *loc. cit., in Lucam*, XII, 48 ; PL, CXIV, 300. ABAELARDUS, *In epist. ad Rom.*, II, 12 ; PL, CLXXVIII, 475. *Theologia christiana,* libr. III ; PL, *ibidem,* 1218 D.

---

1 *activa :* activam P ‖ 2 *contemplativa :* contenplativam P ‖ 4 sunt : *uperscr.* P.

[87] ITEM QUERITUR, cum causa humilitatis dicat aliquis se peccatorem vel minimum, vel huiusmodi, utrum ad mortem peccet. Quod videtur Augustinus velle, dicens : *Qui dicit se peccatorem, cum non sit, fit quod non erat, id est peccator, ex eo quod dicit se esse quod non erat.*   5

[88] QUERITUR, utrum Iohannes ab utero sanctificatus est, ut dicitur : *Ex utero sanctificavi te.* Si ex utero sanctificatus est, ex utero sanctus fuit. Ergo natus, pro originali non eguit aliqua expiatione.

Solutio. Ab utero sanctificatus fuit, id est, ab utero ostendit 10 divina gratia signum future eius sanctitatis, intrante beata Maria ad Elisabet.

[89] ‖ *Qui offendit in uno, reus est omnium,* id est, qui offen-   ‖ f. 92va
dit in fornicatione, reus est homicidio et reliquis.

Solutio. Qui offendit in uno reus est omnium, id est, nullum 15 relinquit sibi ad defensionem, id est, nichil prosunt cetera sibi.

Vel qui offendit in uno, iam sine caritate existens, quodammodo reus est omnium, quia non habet quo cetera obseı vare possit. Vel qui offendit in uno, reus est omnium, id est, reus est tocius masse, id est, quia non complevit universa.   20

[90] QUERITUR, utrum iubemur diligere inimicos nostros non penitentes de illatis iniuriis. Quod sic, videtur, precipiente Veritate : *Diligite inimicos vestros,* etc. Quod si est, iubemur misericordiores esse quam ipse Deus sit, qui nemini delinquenti ignoscit nisi prius peniteat. Sed ipsum debemus imitari 25 in quantum possumus. Ergo, delinquentibus in nos non debemus ignoscere nisi prius peniteant. Aliter. Homicidas et huiusmodi non diligere, quia membra sunt diaboli.

P

3-5 S. AUG., *Sermo* CLXXXI (alias *De verbis Apostoli,* 29), cap. IV, n. 5 ; PL, XXXVIII, 981 : «Cum ergo humilitatis causa mentiris, si non eras peccator antequam mentireris, mentiendo efficeris quod evitaveras ». GRATIANUS, *Decretum,* c. 9, C. XXII, Q. 2 ; edit. FRIEDBERG, I, 870. 7 Cfr IEREM., I, 5.   10-12 Cfr LUC., I, 41.   13 IAC., II, 10. 23 MATTH., V, 44.

13 *uno :* unum P ‖ 26 delinquentibus : non delinquentibus, *sed* non *exp.* P ‖ 26 non : *marg. pon.* P.

Solutio. Quod dicitur : debemus Deum imitari in quantum possumus, sic est intelligendum. Debemus imitari Deum ambulantem in terris secundum quod homo, qui etiam pro crucifigentibus se oravit, dicens : *Pater, ignosce illis, quia nesciunt*
5 *quid faciunt.* Non debemus imitari Deum, quia non possumus residentem in celis imitari, qui de se dicit : *Michi vindictam, et ego retribuam.* Quod dicitur, non debemus diligere homicidas et huiusmodi, quia membra sunt diaboli, sic intelligitur : Quod nature est debemus diligere, id est, quod homines sunt ;
10 quod vicii est, debemus odire.

[91]   QUERITUR, utrum eadem fides sit hominum temporis gratie, et hominum qui fuerunt tempore Legis, Habrae videlicet et ceterorum. Augustinus : *Tempora variata sunt, fides est eadem. Illi crediderunt Christum venturum, nos venisse.* Ergo
15 aliquod crediderunt ipsi quod non credimus. Item, Abraam Messiam, qui dicitur Christus, credidit venturum. Hoc et Iudei credunt. Ergo, eadem fides est Iudeorum que fuit Habrae.

Solutio. Eadem credidit Habraam que et nos etsi alio modo,
f. 92vb ‖   quia de eisdem rebus. Vel aliter, Abraam cred‖ebat a tem-
20 pore suo Christum incarnaturum, et nos credimus a tempore

P

4-5 LUC., XXIII, 34.   6-7 *Rom.*, XII, 19.   9-10 Cfr S. AUG., *De doctrina christiana,* libr. I, cap. XXVII ; PL, XXXIV, 29 : « Omnis peccator, in quantum peccator est, non est diligendus ; et omnis homo, in quantum homo est, diligendus est propter Deum. »   13-14 S. AUG., *In Iohan.* tract. XLV ; PL, XXXV, 1722. W. STRABO, *Glossa ordinaria,* in *II ad Cor.,* IV, 13 ; cod. lat. Bibliothèque Nationale, 2579, fol. 89 (*marg. inter.*) : « Hoc autem ideo loquimur, quia credimus quia eundem spiritum habemus. Tempora variata sunt, non fides ; illi venturum, nos venisse ».

---

6 imitari : inmitari P ‖ 11 hominum : *syllabam* num *superscr.* P ‖ 12 hominum : homines, *sed* es *expungendo corr.* P ‖ 19 eisdem : hisdem P ; credebat : credebbat P.

---

11 Rapprocher de cette question ce qui est dit par Robert dans *Questiones de epist. Pauli, Rom.,* III, 22 ; Oxford, cod. 105, fol. 186*ra,* et dans les *Sentences,* libr. II : part. II, Bruges, cod. 191, fol. 277*ra*-277*va,* fol. 292*va.* et cod. Saint-Omer, 121, fol. 70*vb*-71*ra.* Robert fait appel aux mêmes textes. Voir aussi F. ANDERS, *Die Christologie des Robert von Melun,* Paderborn, 1927, p. 66-67 et R. M. MARTIN, *La nécessité de croire au mystère de l'Incarnation,* art. de la *Revue thomiste,* 1920, p. 273-280.

Abrae hoc idem. Quod videtur Iudeos credere hoc idem quod Habraam, falsum est, cum illi hoc opinentur et fides opinaria certitudo [non] sit.

[92] QUERITUR, utrum ille qui inscienter peccat nolens pec cat. Si non volens peccat, voluntarium non est peccatum. Sed 5 Augustinus : *Omne peccatum adeo est voluntarium, quod si non est voluntarium, non est peccatum.* Ergo qui inscienter peccat, non peccat. Ergo qui aliquem inscienter lapide in edificio levato obruit, etsi letalis ictus sit, quia ex voluntate non fit, [non peccat].   10

Solutio. Peccat quidem et ex aliqua mala voluntate que precessit, etsi ignoretur ; secundum quosdam ex mala voluntate primorum parentum.

[93] QUERITUR, utrum quis possit salvari sine lavacri perceptione cum summopere baptizari oportet, cum scriptum 15 sit : *Nisi quis renatus fuerit ex aqua et Spiritu Sancto non potest intrare in regnum Dei.*

Solutio. Potest quidem bene non baptizatus salvari, si in arto positus, summopere baptizari velit. Quod testatur Augustinus, dicens : *Iterum atque iterum considerans invenio non* 20

P
___

2-3 Cfr DS, libr. I, part. X, cap.2 ; PL, CLXXVI, 327 et SS, tract. I, cap. I ; PL, *ibidem*, 43 : « Fides est voluntaria certitudo absentium supra opinionem... quia plus est credere quam opinari. »   4 Cfr ABAELARDUS, *Sic et Non*, CXLV ; PL, CLXXVIII, 1593B.   7-10 *Modus quo transcripsit hunc locum* A. LANDGRAF, *The New Scholasticism*, 1930, p. 9, *insufficiens videtur*. 16-17 IOH., III, 5.   20 *et seq.* Cfr S. AUG., *De baptismo contra Donatistas*, libr. IV, cap. XXII ; PL, XLIII, 173. SS, tract. V, cap. V et VI ; PL, CLXXVI, 130-133. GRATIANUS, *Decretum*, c. 34, D. 4, de cons. ; edit. FRIEDBERG, I, 1372-1373. SD, tract. V, p. 115*. SR, p. 209.

2 cum : et P, *exp. et* cum *superscr.* P ; et : cum P ‖ 3 sit : fit P ‖ 5 voluntarium : volumptarium, *et* p *exp.* P ‖ 6 *est* : *superscr.* P ; *voluntarium* : *ut lin.* 5 P ‖ 7 qui : quidem P ‖ 9 etsi : quia si P, *sed* quia *exp. et superscr.* et P ‖ 15 oportet : *syllabam* tet *superscr.* P ‖ 17 *regnum* : regno P.

1-3 Robert se prononce ici contre P. Abélard et son école. Cfr A. GIETL, *Die Sentenzen Rolands*, p. 11. n. 5.   4-13 Comparer *ci-dessus*, p. 5-6. 21 Le même problème est touché par Robert dans les *Questiones de epist. Pauli, Rom.*, X, 10 ; cod. Oxford, 105, fol. 191*rb* et longuement discuté dans les *Sentences* cod. Bruges, 191, fol. 257*vb*-258*r*. Cfr R. M. MARTIN, dans la *Revue des sciences philosophiques et théologiques*, t. XI, 1922, p. 403-406.

solum sanguinis effusionem sine baptismo ad salutem sufficere,
sed etiam mentis ad Deum conversionem et cordis compunc-
tionem, ibi dumtaxat ubi articulus mortis solum excludit bap-
tisma, non contemptus religionis.

5   [94] QUERITUR, utrum inter infideles coniugium sit.

Quod actoritates velle videntur. Iohannes Crisostomus de
Herode, qui saltanti puelle capud Iohannis Baptiste dedit in
disco : *Homicidium adulterio addidit.* Augustinus de Tarquinio
et Lucrecia : *Duo in lecto ; unus adulter, altera non.* Augustinus

10 in libro *De fide et operibus* : *Uxor legitima societate coniuncta*
viro, si post baptismum alium acceperit, non peccat. Idem, super epistolam missam ad Thimotheum : *Contumelia Creatoris*

f. 93ʳᵃ ∥ *solvit ius matrimonii circa eum qui relinquitur.* ∥ *Infidelis autem*
discedens in Deum et in matrimonium peccat. Ambrosius,

15 super illum locum, *Omnis qui dimittit uxorem et ducit alteram*
mechatur, et qui dimissam a viro ducit, mechatur : Non omne
coniugium a Deo ; non enim gentilibus christiane copulantur,
cum lex prohibeat. Ubi est inpar coniugium lex Dei non est.
Gregorius : *Acutius intellexerunt qui illum qui ante baptismum*

20 *unam habuit et post baptismum aliam, quia bigamus est, non*

P

---

5 Cfr WILL. DE CAMPELLIS, *Sententie*, cod. lat. Paris, Bibliothèque Natio-
nale, 18113, fol. 22. ANONYMUS, *Sententie*, cod. Laud. lat. Oxford, Bodleian
Library, n. 277, fol. 52 *vb*. H. A S. VICTORE, DS, libr. II, part. XI, cap. XIII ;
PL, CLXXVI, 506.   7 MATTH., XIV 6-11.   8 S. IOH. CHRYSOST.,
Hom. in Matthaeum XLVIII (*al.* XLIX), n. 4 ; PG, LVIII, 492 : « Talis est
forn catio : non lascivos tantum, sed et homicidas efficit. »   9 S. AUG.,
De civitate Dei, libr. I, cap. XIX ; PL, XLI, 32 : « Duo fuerunt, et adulterium
unus admisit.»   10-11 S. AUG., *De fide et operibus*, cap. XVI, n. 28 ; PL,
XL, 216 : « Ut propter fidem Christi etiam ipsa uxor legitima societate co-
niuncta, sine ulla culpa relinquatur. » Ivo, *Decretum*, part. VIII, cap. 251,
Panorm., part. VII, cap. 32 ; PL, CLXI, 639, 1288.   11-14 Idem : *Revera*
S. AMBR, *in I ad Cor.*, VII, 16 ; PL, XVII, 219. W. STRABO, *Glossa ordinaria*,
i. h. l., PL, CXIV, 530. ABAELARDUS, *Sic et Non*, CXXV ; PL, CLXXVIII,
1546.   15-16 LUC., XVI, 18.   16-18 S. AMBR., *Expos. Evang. sec.*
Lucam, libr. VIII, n. 2 ; PL, XV, 1765, 1767.   19-22 Gregorius : *Revera*
S. AUG., *De bono coniugali*, cap. XVIII, n. 21 ; PL, XL, 387.

---

4 Contemptus : contenptus P ∥ 5 inter : *superscr.* P ∥ 8 *adulterio* : alul-
terio, *sed exp.* l *et superscr.* d P ∥ 20 *bigamus* : digamus P.

*ordinandum consueverunt. In baptismate enim peccata absol-
vuntur, non federatio coniugii.*

E contra Ambrosius : *Non est ratum coniugium quod in Deo
non fit.* Ratio etiam obviat. Illud coniugium potest dissolvi.
Ergo non fuit coniugium. Aliter. Nulla causa est modo quare   5
rescindatur illud coniugium que ante non fuerit. Sed modo
est causa quare rescindatur, et non sit coniugium. Ergo non
fuit coniugium.

Solutio. Non fuit ante coniugium, sed forma coniugii.

Sed *opponitur.* Inter eos erat aliquis concubitus. Ergo, vel 10
legitimus vel illicitus. Sed omnis concubitus preter coniugium
illicitus est. Sed hic preter coniugium est. Ergo illicitus est.

Solutio. Forma coniugii defendit eos a culpa, adeo quod nec
ibi sit fornicatio nec adulterium. Inconveniens quod sequitur,
si quia non rescitur ab Ecclesia est coniugium, quod dicunt 15
alii, eodem modo et multa possunt esse coniugia inter unum et
plures uxores, id est, unus potest contrahere plura coniugia
cum multis uxoribus. Quod in diversis locis potest fieri. Sic
enim una unius non erit ; et ad hunc modus inter patrem
et filiam, et filium et matrem, et fratrem et sororem coniugium
esse non poterit.   20

[95] QUERITUR, utrum Deus mundas vel immundas creet
animas. Non nisi in corpore creat illas et tales quales ipse
sunt. Sed in corpore nunquam munde sunt. Ergo non creat
illas mundas.   25

Falsitas. Nonnisi in celo creavit Deus angelum apostatam.
Sed in celo nunquam fuit mundus. Ergo nec creavit Deus
mundum eum.

[96] QUERITUR, utrum quis adultus non baptizatus et involu-
tus multis criminibus possit mundari per susceptionem lavacri 30

P

3-4 S. AMBR., in I ad *Cor.*, VII, 15 ; PL, XVII, 219 : « Non enim est
ratum coniugium quod sine Dei devotione est.» W. STRABO, *Glossa ordinaria,*
i. h. l ; PL, CXIV, 530.

---

15 si quia non rescitur est coniugium : *bis pon. et prima vice positum
exp.* P ‖ 27 nec : ne P ‖ 30 susceptionem : *syllabam* sce *superscr.* P.

f. 93rb ‖

ab originali peccato, qui ficto corde et non contrito accesserit, et
non penitens de superadditis peccatis . Quicquid in‖stitutum
est pro satisfactione illius peccati facit : quia singulare reme-
dium quod debetur pro peccato illo suscipit, quia non exigitur
5 ab eo pro originali penitere, quia illud non commisit. Sic
ergo videtur posse mundari ab originali, etsi non peniteat de
superadditis. Quod si est, idem erit et membrum diaboli, quia
multa crimina de quibus non penituit commisit, et membrum
Christi per regenerationem. Quod nequit esse.
10   *Solutio.* Originale peccatum radix et origo omnium malorum est. Et sic non potest ipsum quod radix extirpari, nisi
cetera simul cum eo extirpentur.

[97]   ITEM QUERITUR, utrum possit quis qui plura flagiciosa
commisit vere penitere de uno et satisfacere, licet de aliis non
15 peniteat nec satisfaciat.

Quod pluribus fieri posse videtur.

Sed, si peniteret vere et vere converteretur, Deum diligeret. Si
Deum diligeret, caritatem haberet. Si caritatem haberet membrum Christi esset, quia *caritas est fons cui non communicat*
20 *alienus.* Sic ergo non potest penitere quis de uno tantum quin
de omnibus peniteat.

[98]   ITEM QUERITUR, utrum quis ficte accedens baptizetur.
Quod si est, a Christo baptizatur : quia ipse solus est qui baptizat, ministri tantum intingunt et inmergunt. Unde, *neque qui*
25 *plantat, neque qui rigat est aliquid, sed qui incrementum dat*
Deus. Quod si est, *in Spiritu et aqua* baptizatus est. Quod si in
aqua et Spiritu baptizatus est, spiritualis est. Quod si spiritualis, et mundus est.

P

7-9 Cfr SR, p. 202.   13 ABAELARDUS, *Ethica*, cap.XX ; PL, CLXXVIII,
665. SR, p. 240-241.   19-20 S. AUG., *In epist. Ioh.*, tract. 7, n. 6 ; PL,
XXV, 2032. *Ipse S.* AUG. *innititur* Prov., V. 17. W. STRABO, *Glossa ordinaria*,
in I Cor., XIII, 1 ; cod. Paris, 2579, fol. 64 *r* (*marg.*), PL, CXIV, 542. Cfr.
ibidem, in Rom., V, 5 ; cod. Paris, fol. 10vb (*marg. ext.*) ; PL, *loc. cit.*, 482.
22 Cfr SF, p. 58, n. 28. SH, cap. XXVIII ; PL, CLXXVIII, 1739 C.
24-26 *I Cor.*, III, 7.   26 IOH., III, 5.

6 mundari : mudari P ‖ 11 sic : si *et litteram* c *superscr.* P ‖ 17 et : *superscr.*
P ‖ 19 esset : *superscr.* P ‖ 24 tantum : tamen P ‖ 27 spiritualis : piritualis P.

13 La même question fut déjà posée *ci-dessus*, p. 7.

Solutio. Christus hunc baptizat, quia talem virtutem dat illi sacramento quod per illud posset mundari nisi ab eo stetisset ; et sic *in aqua et Spiritu.*

[99] ITEM QUERITUR quam efficatiam habeat baptismus in ficte accedente, cum efficatia eius sit peccata dimittere. Illi 5 non dimittit peccata. Ergo non videtur in illo ullam efficatiam habere. Sic ergo videtur in isto suam virtutem amittere.

Solutio. Non amittit veram efficatiam in isto, quia ipsum tale est quod si iste dignus accederet et ei sua per ipsum remitterentur peccata.   10

[100] ITEM QUERITUR, utrum baptismus eiusdem efficatie sit illi qui contrito corde accessit et illi qui contrito corde non accessit, postea vero vere penituit.

Solutio. Quantum vero ad dimittendum eternam penam eiusdem efficatie est. Quantum vero ad temporalem non. 15 Nam qui accessit corde contrito, etsi plura superaddidit peccata, non tenetur satisfacere pro eis. Qui vero post ‖ baptismum   ‖ f. 93va penitet, tenetur quidem pro superadditis satisfacere.

[101] QUERITUR, utrum Pilatus peccasset *crucifigendo Dominum,* cum ipse Dominus ad obiecta crimina *respondere no-* 20 *luisset,* cum taciturnitas soleat imitari confessionem et cum *lex confessos in iure pro dagnatis habeat.*

Solutio. Peccavit quidem, quia que obiciebantur sciebat falso obici. Unde, *nullam invenio in eo causam.*

[102] QUERITUR, quare Christus dicatur magnus sacerdos 25

P

---

4 Cfr S. AUG., *Contra Donatistas,* libr. II cap. XII, n. 18 ; PL, XLIII, 119. Ivo, *Decretum,* part. I, cap. 162 ; PL, CLXI, 99. GRATIANUS, *Decretum,* c. 32, D. 4, de cons. ; edit. FRIEDBERG, I, 1372. SD, p. 114.*   14 Cfr SR, p. 203.   19 MATTH., XXVII, 26.   20 MATTH., XXVII, 14.
22 GRATIANUS, *Decretum,* c. 1, C. II, Q. 1 ; edit. FRIEDBERG, I, 438.
24 IOH., XVIII, 38.

---

8 Efficatiam : effitiam P ; quia : istum *add. et exp.* P ‖ 22 *dagnatis* : damgnatis P ‖ 23 quidem : vidit *add. et exp.* P ‖ 24 obici : *litteram* o *superscr.* P.

4-5 Voir l'exposé de la même question dans les *Sentences,* cod. Bruges, 191, fol. 271 *r.* Cfr R. M. MARTIN, dans la *Revue des sciences philosophiques et théologiques,* t. XI, 1922, p. 414.

non secundum ordinem Aaron, sed secundum Melchisedec, cum
Christus *semel* et *non sine sanguine* legatur obtulisse, scilicet
in ara crucis, et Aaron, *summus Pontifex, semel introibat in anno
in Sancta sanctorum*, et non sine sanguine ; Melchisedec vero
5 non legitur obtulisse nisi panem et vinum Habrae revertenti a
cede v regum et sine sanguine.

Solutio. Ideo dicitur Christus sacerdos secundum ordinem
Melchisedec, quia Melchisedec dicitur fuisse sine inicio et fine,
sine patre et matre, et sub speciebus illis obtulisse sub quibus
10 hodie offertur caro et sanguis Christi in altari. Sic Christus
sine patre in terra, sine matre in celo, se ipsum, qui verus panis
est, de quo ipse : *Ego sum panis vivus qui de celo descendi, si
quis manducaverit ex hoc pane mortem non videbit in eternum*,
obtulit. Sacrificium vero Aaron quod de hostiis fiebat non
15 representatur hodie in Ecclesia.

[103] QUERITUR, utrum Christus aliquid petierit a Patre,
quod non videtur, cum dixit : *Pater, si possibile est, transfer
calicem hunc a me*, etc. Si aliquid petierit quod non obti-
nuerit, videtur petitio eius iniusta, quod de ipso dicere ne-
20 fas est. Sed non obtinuit. Ergo iniusta fuit. Item quod petebat aliqua voluntate petebat. Illa voluntate aliquid petebat
quod Pater nolebat. Ergo ea voluntate contrarius erat divine
voluntati.

Solutio. Dicunt quidam, quod non petebat absolute trans-
25 ferri ab eo calicem, sed si fieri posset ; ita tamen ut non sua,
sed voluntas Patris fieret.

Sed his opponitur. Hoc potuit fieri, scilicet, quod transiret
ab eo calix, quia nulla necessitate, sed voluntate spontanea
passus est Christus. Sic ergo, nullius ponderis est quod dicunt.

P

---

1 *Hebr.*, VII, 11 ; IX, 12.   2 *Ibidem*, VII, 27 ; IX, 12.   3 *Ibidem*, IX, 7.   4-6 Cfr *Gen.*, XIV, 18.   7-10 *Hebr.*, VII, 2-3. S.
AMBR., *Epist. ad. Vercell.*, n. 49 ; PL, XVI, 1209.   12-13 IOH., VI, 51-
52.   17-18 MATTH., XXVI, 39.   24 ROB. PULLUS, *Sententie*, libr.
IV, cap. VI ; PL, CLXXXVI, 183. SD, p. 87.*

---

1 *non* : *superscr.* P ❘ 10-11 et sanguis... sine : *marg. exter. pon.* P ❘ 25
si : *superscr. alia manus* P.

Item opponitur. Si hoc petebat, aliquid petebat quod a Deo
Patre fieri non credebat. Sic ergo cassa erat eius petitio.

Sed qui acutius intuentur dicunt quod ea verba proferendo
nichil petiit ; sed sub obtentu petitionis affectum vere huma-
nitatis ostendit quo mori formidabat. Ex natura autem carnis 5
orrebat mortem, dando etiam nobis exemplum, ut si quando
nobis passio vel etiam mors imineat, quam caro naturaliter
reformidat, omnino nos divine voluntati subiciamus.

[104] QUERITUR, ‖ utrum quis possit relinquere uxorem   ‖ f. 93vb
suam pro sola fornicationis suspicione, maxime, cum *in una-* 10
quaque causa de crimine *iiii*ᵒʳ *debeant esse persone* : *iudex,*
acusator, reus, *testis.* Quod videntur sanctorum patrum actoritates velle. Ieronimus : *Sola fornicationis suspicio vincit*
affectum uxoris. Ubicumque igitur est fornicatio aut fornicatio-
nis suspicio libere uxor dimittitur, nec a viro debet teneri, ne 15
illud incurrat maledictum : *Qui enim adulteram tenet, stultus et*
inpius est. Iohannes Crisostomus super Matheum : *Sicut cru-*
delis et inpius est qui castam uxorem dimittit, sic inpius et
iniustus est qui adulteram tenet ; nam patronus turpitudinis eius
est, qui crimen celat uxoris.   20

Solutio. Suspicio est que iudici fit quando eo devenit causa
ut testibus aliqua probetur esse adultera. Sufficiens est quidem
[ad] dirimendum coniugium. Quod dicitur, *inpius et iniustus*
est qui adulteram tenet, sic est intelligendum, scilicet, qui
fovet eam in fornicatione inpius et iniustus est.   25

[105] QUERITUR, utrum occulte peccanti peccatum occulte

P

2-7 ROB. PULLUS, *loc. cit.,* SD, *ibidem.*   10 GRATIANUS, *Decretum,*
c. 1, C. IV, Q. 4 ; edit. FRIEDBERG, I, 541.   13-17 S. HIER., *Super*
Matthaeum, cap. XIX ; PL, XXVI, 135. ABAELARDUS, *Sic et Non,* CXXVIII ;
PL, CLXXVIII, 1558. GRATIANUS, *Decretum,* c. 2, C. XXXII, Q. 1 ; edit.
FRIEDBERG, I, 1116.   16-17 *Prov.,* XVIII, 22.   17-20 Ps.-CHRY-
SOST., *Opus imperfectum in Matthaeum,* hom. 32 ; PG, LVI, 802. ABAE-
LARDUS, *Sic et Non,* CXXVIII ; PL, CLXXVIII, 1558. GRATIANUS, *Decre-*
tum, c. 1, C. XXXII, Q. 1 ; edit. FRIEDBERG, I, 1115.

7 caro : *superscr.* P ‖ 10 fornicationis : *litteram* r *superscr.* P ‖ 22 est
superscr. P.

confitenti, debeatur eadem censura que debetur publice peccanti et publice confitenti, cum de solo publice peccante
dicat actoritas : *Qui publice peccat, publice peniteat.*

Est sacerdos qui clam homicidium committit ; accedit ad
5 pontificem, volens pro delicto satisfacere. Et quid restat pon-
tifici, nisi ut ab officio presbyteratus eum deponat. Que igitur erit hec penitencie censura, nisi publica ?

Huc accedit quod sacerdos ipse suspectus habetur de homicidio illo ; quia fortassis frater illius sacerdotis ab eodem
10 interfectus est, cuius filius a sacerdote occisus est ; qui si ab
officio presbyteratus amoveatur, liquido constabit omnibus,
sacerdotem homicidium illud commisisse, quia nullus alius erat
qui ulcisceretur necem fratris sui preter ipsum.

Precipiunt etiam canones talem deponi.

15   Quid igitur huic minus factum erit quam publice peccanti ?

Solutio. Poterit quandoque super illo dispensari, id est, ut
restituatur in pristinum officium. Super vero publice peccante
nunquam.

Aliter. Providus debet esse pontifex et circumspectus, et
20 cum magna captela et deliberatione, transmittendo eum de illo
loco ad alium, interdicere divinum officium.

[106]   QUERITUR, utrum pauperes Christi et sancti qui adhuc
in terra peregrinantur magis obligantur ut intercedant pro
illis quorum elemosinas et beneficia receperunt quam pro
f. 94ra ‖ 25 illis a quibus nichil ‖ perceperunt. Sunt alii quorum vita con-
temptibilior ; ideo et ipsi magis a Deo diliguntur. Magis igitur
debent ipsi eos diligere, quos magis diligi a Deo credunt, quam
illos quorum beneficiis sustentantur, qui deteriores sunt.

Solutio. Magis debent eos diligere, id est, magis debent eos
venerari quos scilicet meliores noverunt ; sed magis debent

P

---

3 Ivo, *Decretum*, part. XV, cap. 46 : « Nam qui publice peccat, oportet ut
publice multetur penitentia ; » PL, CLXI, 868.   14 Ivo, *Decretum*, part.
X, cap. 174; *Panorm.*, libr. III, cap. 153 ; PL, CLXI, 741-742, 1167. GRA-
TIANUS, *Decretum*, c. 4, D. L ; edit. FRIEDBERG, I, 178.

13 ulcisceretur : ulciceretur P ‖ 16 id est : *superscr.* P ‖ 19 circumspectus :
litteram s priorem superscr. alia manus P ‖ 28 sunt : *superscr.* P.

esse solliciti pro salute eorum quorum beneficia perceperunt,
ut ait Apostolus : *Ex equalitate in presenti tempore habundantia
illorum*, scilicet divitum, *inopiam* aliorum, scilicet pauperum,
suppleat ; *et habundantia illorum*, scilicet pauperum, que est
in meritis illorum, *inopie* scilicet divitum *sit supplementum* ; 5
et sic sit equalitas in ratione dati et accepti.

[107] ITEM QUERITUR, utrum prosit orare sanctos ut intercedant pro nobis, ut cum dicitur : *Sancte Petre, ora pro nobis*, et
similiter, cum, ut ait Augustinus, *incertum sit illos scirę nos
eos orare*.   10

Solutio. Prodest quidem, ut ait beatus Augustinus, et *nichil
refert utrum ipsi sciant sive nesciant, cum ille sciat quem nil
latet, pro cuius amore ipsos sanctos exorant*.

[108] ITEM QUERITUR, quid est nos orare sanctos ut intercedant pro nobis, cum ipsi nullam precem Deo fundant.   15

Solutio. Oramus ut merita sanctorum obtineant apud Deum,
ut pius affectus erga illos nobis prosit ad promerendam gloriam.

[109] ITEM QUERITUR, utrum merita aliorum possint aliis
prodesse.   20

Solutio. Possunt quidem, ut ex verbis beati Augustini per-
penditur, qui de paralitico Ihesu oblato et ab ipso sanato

P

2-6 II *Cor.*, VIII, 13-14.   9-10 Cfr S. AUG., *De cura pro mortuis geren-
da*, cap. XIII ; PL, XL, 604 : « Si tanti Patriarchae quid erga populum ex his
procreatum ageretur, ignoraverunt... quomodo mortui vivorum rebus atque
actibus cognoscendis adiuvandisque miscentur? »   11 S. AUG., *ibidem*,
cap. XVIII ; PL, *loc. cit.*, 610 : « Quod vero quisque apud memorias martyrum sepelitur, hoc tantum mihi videtur prodesse defuncto, ut commendans
eum etiam martyrum patrocinio, affectus pro illo supplicationis augeatur.»
11-13 Cfr H. A S. VICTORE, DS, libr. II, part. XVI, cap. XI ; PL, CCXXVI,
596.   22 MATTH., IX, 2-6. MARC., II, 5.   23 V. BĒDA, *In Marci
Evangelium expositio*, libr. I, cap. II ; PL, XCII, 147. W. STRABO, *Glossa
ordinaria, in Matth.*, IX, 2 ; PL, CXIV, 115. Cfr *ibidem, in Marcum*, II, 5 ;
PL, *loc. cit.* p. 186.

---

22 de : *superscr.* P.

16-18 Robert donne la même réponse dans ses *Questiones de epistolis Pauli, Rom.*, VIII, 34 ; cod. Oxford, 105, fol. 190rb.

dicit : *Quantum valet fides propria apud Deum, apud quem sic valuit aliena ut intus et extra sanaret hominem.*

[110] QUERITUR, utrum aliqui sint quorum alter alteri iuraverit se daturum filiam suam ei in uxorem tempore statuto,
5 si ipse ad eum venerit, alter ei iuraverit se venturum si ei
filiam suam dederit, quis eorum debeat prevenire alterum
complendo quod iuraverit. Si dicitur, quod ille qui iuravit se
daturum filiam suam alteri si ad eum veniret debeat prevenire
alterum complendo quod iuravit, hoc nequit esse : quia non
10 potest reddere ei quod promisit nisi ille venerit. Item, si dicitur
quod alter prius debet facere quod promisit, absolvendo se a
debito, hoc iterum nequit esse : quia ad hoc quod compleat,
oportet quod ille prius det. Sic igitur videtur, quod neuter
possit complere quod iuraverit.

15 [111] ITEM QUERITUR, utrum ille qui iuraverit prius dando
ei filiam suam in uxorem cui promisit eam si veniret tempore
f. 94rb ‖ statuto, absolvat se a iuramento. Si ‖ dicitur, dando ei filiam
suam, oponitur : hoc non iuravit. Quod si est, ergo aliquid
faciendo quod non iuravit, absolvit se a iuramento.

20 [112] QUERITUR, utrum qui infra annos monachantur, sive
virgines qui infra annos velantur, debeant inviti in monasteriis
teneri.

Sunt diverse actoritates, hinc inde, id est, quedam que videntur hoc velle, quedam vero que videntur hoc infringere.

25 Gregorius Augustino Anglorum episcopo : *Addidistis adhuc,
quod si pater vel mater, filium filiamve intra monasterii septa in
infancie annis sub regulari tradiderit disciplina, utrum liceat eis
postquam [ad] pubertatis inoleverint annos, egredi et matrimonio
copulari. Hoc omnino devitamus, quia nefas est, ut oblatis Deo a*
30 *parentibus filiis voluptatis frena laxentur.* Item, ex Toletano

P

25-30 GREGOR. III, *Epist.* 4 ad Bonifacium, legatum Germaniae, anno
726. Cfr GRATIANUS, *Decretum*, c. 2, C. XX, Q. 1 ; edit. FRIEDBERG, I, 843.

24 quedam : *marg. pon. ext.* P ‖ 28 matrimonio : *litteram* r *superscr.* P ‖
29-30 a parentibus : apparentibus P.

concilio : *Monacum aut paterna devocio aut propria professio facit. Quicquid horum fuerit, alligatum tenebit. Proinde his ad mundum revertendi aditum intercludimus, et omnes ad seculum interdicimus regressus.* Ysidorus : *Quicumque a parentibus propriis in monasterio fuerit delegatus, noverit se ibi perpetuo* 5 *permansurum. Nam Anna Samuel puerum suum natum et ablactatum Deo pietate obtulit, qui et in ministerio templi, quo a matre fuit deputatus, permansit, et ubi constitutus est deservivit.* Ex concilio Triburensi : *Quem progenitores ad monasterium tradiderunt, et in Ecclesia cepit canere et legere, nec uxorem ducere,* 10 *nec monasterium deserere poterit. Si discesserit, reducatur ; si tonsuram dimiserit, rursum tondeatur ; uxorem si usurpaverit, dimittere compellatur.* Hucusque actoritates videntur hoc asserere.

Hinc que e contra nituntur. Nona sinodus : *Firma autem tunc erit professio virginitatis, ex quo adulta etas fuerit, et que* 15 *solet apta nupciis deputari ac perfecta.* In sinodo ab Eugenio habita : *Sicut qui monasteria elegerunt, a monasteriis egredi non permittuntur, ita hii qui inviti sine iuste offensionis causa sunt intromissi, non nisi volentes teneantur : quia quod* [*non*] *petunt, non observant. Ideoque tales considerandi sunt maxime peccata com-* 20 *mittere quam plangere : sicut decreto sanctissimi Leonis Pape manifestissime continetur.* Leo papa : *Puelle que non coacte parentum*

P

1-4 Conc. Toletanum IV, anno 633, cap. XLIX. Cfr GRATIANUS, *ibid.*, c. 3 ; *loc. cit.*, I, 844.   4-8 GRATIANUS, *ibidem*, c. 4 ; *loc. cit.* I, 844 : « Hoc, *notat* FRIEDBERG *ibidem*, non est inventum in libris B. Isidori, sed Smaragdus in expositione regulae B. Benedicti, c. 59, hoc idem ex ipso Isidoro refert. » 9-13 Concilium Triburense, anno 895 ; ex Burchardo. Cfr *apud* MANSI, *Ampliss. Collect.*, t. XVIII A, col. 164, cap. XVI. GRATIANUS, *Decretum, loc. cit.*, c. 6 ; FRIÉDBERG, I, 844.   14-16 GRATIANUS, *Decretum*, c. 1, C. XX, Q. 1 ; edit. FRIEDBERG, I, 843. *Notat ibidem* FRIEDBERG *quantum ad dictum*, Nona (sinodus) : « In nonnullis vetustis exemplaribus est : *octavae.* Verum in octava ab Hadriano II habita non habetur, sed in libro B. Basilii de institutis monachorum, Rufino interprete, cap. 8. »   17-18 Sinodus habita anno 826, sub Eugenio II. Cfr MANSI, *Ampliss. Collect.*, t. XIV, col. 1008, cap. XXXII. GRATIANUS, *loc. cit.*, c .9 ; edit. FRIEDBERG, I, 845.   22 *et sq.* S. LEO, Papa, *Epist.* XC, ad Rusticum Episcopum, cap. 13-14. GRATIANUS, *loc. cit.*, c. 8 ; edit. FRIEDBERG, I, 845.

7 *ablactatum* : oblatum P ‖ 12 *tondeatur* : retondatur *et* re *exp.* P ‖ 13 hoc : *superscr.* P ‖ 18 *iuste* : iusti, *sed* iuste *corr. alia manus* P ‖ 20-21 committere : dimittere P.

inperio, sed spontaneo iudicio virginitatis propositum atque habi-
tum elegerint, si postea ad nupcias ‖ *redierint, prevaricantur, etsi*
nondum accessit eis consecracio. Ex quo dicit in principio : Puelle
que non coacte inperio parentum, *datur intelligi quod si coacte*
5 *virginitatis habitum sumpserint, sine prevaricacione [ipsum]*
deserere possunt. Similiter et de his qui inviti monacantur.

[113] QUERITUR, utrum temptacio Domino a diabolo facta,
que etiam in tribus fuit, videlicet, gula, avaricia, vana gloria,
in mente Domini tantum fuit, ut quidam delirant, vel visi-
10 biliter apparuerit ei diabolus.

Dicunt quidam quod in mente ipsius fuit, non per expe-
rienciam tamen, sed per scienciam ; veluti medicus scienciam
habet de morbo quo laborat egrotus per scienciam, non per ex-
perienciam.

15 Quod omnino falsum est. Quia, si hoc esset, primus modus
suggestionis in eo esset qui omnino sine culpa, etsi venialis
sit, non est.

Credimus itaque, quod visibilem se ei exibuit diabolus,
illa verba proferens que Evangeliste eum dixisse referunt.

20 [114] ITEM QUERITUR de assumtione illa de qua dicitur :
Tunc assumsit eum diabolus, etc., qualiter facta sit.

Solutio. Assumsit diabolus sibi corpus, quod potest ex Dei
permissione, ut deferret Dominum quo et quantum permissum
est.

25 [115] ITEM QUERITUR, quomodo potuit statuere eum super
pignaculum templi.

Solutio. Non erat templum cacuminatum, quomodo nec
Palestine domus, sed desuper planum erat ; et ibi ascende-
batur per quosdam gradus qui cancelli dicuntur. Unde cancel-

P

3-6 GRATIANUS, *Dictum* post c. 8; *ibidem.*   7-8 MATTH., IV, 1-2.
21 MATTH., IV, 5.   27 *et seq.* Cfr BEDA, *in Matth. Evang.,* libr. II, cap. X ;
PL, XCII, 54. W.STRABO, *Glossa ordinaria,* in Matth., X, 27; PL, CXIV, 85.

1 *spontaneo :* spotaneo P ‖ 3 *in principio : post adverbium* coacte *transpo-*
nit P ‖ 8 in: *superscr.* P ‖ 16 suggestionis : subiestionis P ‖ 18 exhibuit :
exibuit P ‖ 23-24 permissum est : permissus est P ‖ 26 templi : tenpli P,
et sic deinceps.

larii, qui ascendentes tecta domorum edicta regum denuncia-
bant. Unde Dominus : *Predicate super tecta.*

[116.]   QUERITUR de tempore predicationis Christi.

Et dicunt quidam, quod duobus annis, et quod tunc superest ab Epiphania Domini usque ad Pascha predicavit, illud 5
quod superest pro dimidio anno deputantes. Astruunt enim
quod baptizato Domino mox cepit eius predicatio etsi occulta, incarcerato Iohanne proximo Pascha ; et postea, revoluto
anno a baptismo, fecit de aqua vinum ; et in sequenti Pascha
Iohannes decollatus est. Ecce habes annum integrum, et quan- 10
tum superest ab Epiphania usque ad Pascha. Revoluto anno
a decollatione Iohannis, crucifixus est Ipse. Ecce habes duos
annos, et eo amplius, ut predictum est. Et nota, quod manifeste
predicavit ab incarceratione Iohannis, ante occulte.

Quidam subtilius indagantes dicunt, ipsum predicasse tribus 15
annis et quantum, ut predictum est, ab Epiphania usque ad
Pascha restat : non incarcerato Iohanne proximo Pascha post
baptismum Domini, sed in sequenti. Quorum sententie consenciunt expositores Evangelistarum.

[117]   QUERITUR quid sit libellus ‖ repudii.   20 ‖f. 94*vb*
Respondetur. Libellus repudii dicitur cartula quedam qua
inscribebantur cause repudii, et dos ipsa que dabatur repudiate.

P

---

1 MARC., X, 4.   2 MATTH., X, 27.   3 Cfr cod. Paris., Bibliothèque Nationale, 18113, fol. 29*v* : « De distinctione trium annorum quibus
predicavit Iohannes, et distinctione illorum trium quibus predicavit Iesus. »
20 *Deut.*, XXIV, 1 ; MATTH., V, 31.

---

7 mox : mos P ‖ 20 Queritur : *primam et secundam syllabam om.* P, *lacuna* ;
libellus : li *superscr.* P.

18-19 Quorum sententie consenciunt expositores Evangelistarum : Cette
déclaration doit s'entendre des exégètes du moyen âge et d'Eusèbe. A l'exception de celui-ci, les commentateurs des cinq premiers siècles admettaient
une durée inférieure à trois ans. Aujourd'hui, la littérature de cette question
est immense. Et les avis demeurent partagés. Cfr F. PRAT, *La date de la
Passion et la durée de la vie publique de Jésus-Christ*, dans les *Recherches de
science religieuse*, 1912, p. 82-92. J. LEBRETON, *La vie et l'enseignement de
Jésus-Christ*, T. I, Paris, 1931, p. 20-26.

[118] ITEM QUERITUR, [utrum] *Moyses permisit* aliquod quod permittendum non esset permittendo libellum repudii. Permittendo hoc videtur permisisse divorcium coniugii, quod permittendum non est nisi *causa fornicationis,* ut testatur Christus.
5 Repudiando uxores et adherendo aliis, peccabant Iudei ad mortem. Et hoc permittebat Moyses. Ergo permittebat peccatum ad mortem.

Sic falsificatur. Iussit Deus Sansonem interficere seipsum. Sed interficere seipsum mortale peccatum est. Ergo, Deus
10 iussit aliquod mortale peccatum.

Solutio. Quod Moises permisit dispensatio fuit. Cum enim minus malum sit fornicatio quam homicidium, permisit illos relinquere uxores et ducere alias, ne homicidium incurrerent, id est, minus malum permisit ut maius vitaretur.

15 [119] ITEM QUERITUR, utrum ante permissionem liceret, scilicet, fornicare, ut vitaretur homicidium, vel postquam Evangelium venit.

Solutio. Non licebat ante permissionem, quia sine permissione hoc facerent. Post datum Evangelium non, quia *ad duri-*
20 *ciam cordis eorum permissum est,* ut dicit Veritas.

[120] ITEM QUERITUR, utrum fornicando ut vitaretur homicidium, facerent aliquod bonum. Quod videtur, quia qui facit minus malum ut vitetur maius, bonum facit.

Solutio. Hoc faciendo faciebant aliquod bonum, sed non remunerabile ; quod tamen faciendo minus puniri promere-
25 bantur.

P

---

4 MATTH., V, 32.   8 *Iudic.,* XVI, 28.   11-14 S. IOH. CHRYSOSTOMUS, *In Matth. hom.* XVII : Hoc porro factum est ad aliam multo maiorem vitandam nequitiam. Si enim exosam praecepisset retineri, is qui oderat occidisset... Ideo quod minus erat permisit, ut quod maius erat exscinderet ; » PG, LVII, 259. Cfr Ps. - CHRYS., *Opus imperfectum in Matthaeum, hom.* XII ; PG, LVI, 696. W. STRABO, *Glossa ordinaria, in Matth.,* V, 31 : «Permisit Moyses dari libellum repudii, ne propter odium funderetur sanguis. Permisit fieri mala, etc.» ; PL, CXIV, 95.   19-20 MATTH., XIX, 8.

---

5 adherendo : aderendo, *et* h *superscr. alia manus* P ‖ 6-7 Et hoc... ad mortem : *marg. superiori pon.* P ‖ 20 ut : *superscr.* P ‖ 22 qui : *superscr.* P.

[121] ITEM QUERITUR, utrum maius malum vitabant, faciendo minus, cum secundum quosdam minus malum sit homicidium quam adulterium. Nam adulterium causa est nonnunquam duarum mortis animarum, quod grave est homicidium. Homicidium vero corporale non est nisi unius. 5

Solutio. Sic vitabantur multa homicidia. Contingebat enim quod quandoque interfecta coniuge insurgerent parentes in homicidam virum, et post parentes illius interfecti in alios ; et sic fiebant mutue cedes.

[122] QUERITUR, utrum maius sit diligere inimicos an amicos. 10 Magis offendit qui non diligit amicos quam qui non diligit inimicos. Ergo maius est amicos quam inimicos diligere.

Sic falsificatur. Magis offendit qui criminalia committit, quam qui lingua offendit. Ergo, perfectius est non peccare criminaliter, quam non offendere lingua. 15

Diligere inimicos maioris virtutis est, et tamen minus remunerabile. Alterum e converso.

[123] ‖ QUERITUR, cum non indigeat Deus verbis ut certior fiat, cui patent secreta cordium, qui *scrutatur renes et corda*, cur verba proferimus rogando ipsum. 20 ‖ f. 95ra

Solutio. Augustinus pro me respondet, dicens : *Obsecrare opus est iusticie.* Vult enim Deus rogari ct vcncrari. Quod per simile videtur. Cum approbet Deus confessionem cordis contriti, expetit tamen oris confessionem. Unde : *Corde creditur ad iusticiam, ore autem confessio fit ad salutem.* 25

[124] ITEM QUERITUR, cum orare debemus pro nostris et alio-

P

2-3 Cfr S. AUG., *De coniugiis adulterinis*, libr. II, cap.XV ; PL,XL, 481-482. GRATIANUS, *Decretum*, c. 9, C. XXXIII, Q. 2 ; edit. FRIÉDBERG, I, 1154. Cfr, *supra*, p. 60, *notam ad lineas* 11-14. 19-20 *Psalm.* VII, 10.
21-22 S. AUG., *Enarr. in Ps. XLII* : « iustitia hominis in hac vita ieiunium, eleemosyna, oratio; PL, XXXVI, 482. *De civitate Dei*, libr. XX, XXVII : « Hic itaque in unoquoque iustitia est... ut ab ipso Deo petatur et meritorum gratia et venia delictorum ; PL, XLI, 658. 24-25 *Rom.*, X, 10.

1 utrum : *superscr.* P ‖ 14 lingua : linga P ‖ 16 tamen : *syllabam* men *superscr.* P ‖ 23 Cum : et, *quod exp. et superscr.* cum P ; approbet : apropbet P.

8

rum excessibus, quid attinet dicere : *Beatus vir, Quare fremue-*
runt, et cetera id genus, cum ad rem pertinere non videantur et
perpauci sint versus in toto corpore Psalterii qui formam
orationis exprimant ; cum etiam Christus in Evangelio infor-
5 mando discipulos ad orationem a multiloquio dissuadeat,
dicens : *Orantes autem nolite multum loqui, sicut ethnici.*

Solutio. Non est multiloquium, nisi ubi est garritus.

Et sciendum, quod psalmi ad rem multum pertinent, etsi
ita non videatur. Per hos enim orantes captamus quandoque
10 a persona iudicis, quandoque a persona adversariorum, quandoque a propria persona, quandoque a re ipsa.

Est et aliud : quia sic excitatur affectus ; aliter pigresceret
animus.

[125] ITEM QUERITUR de oratione simplicium, quid orent
15 ignorantium.

Solutio. Simplicitas sic pro talibus orat.

P

---

1 *Psalm.* I, 1 ; II, 1.   5-6 MATTH., VI, 7.

---

1 attinet : atinet P ‖ 6 dicens : discens, *sed* s *exp.* P ; *ethnici* : ethinici,
sed primum i *exp.* P.

---

9 captamus : Cfr DU CANGE, *Glossarium mediae et infimae latinitatis,* t.
II, p. 147, 660 : captare seu cuptare, *cupere multum.*

TABLES

TABLE DES MANUSCRITS CITÉS

66 TABLES

PARIS,	Bibliothèque de l'Arsenal, cod. lat. 534	XX.
	Bibl. Nat., fonds lat., cod. 439	XXX.
	» » » » » 1977	XIV, XXI, XXII, XXV - XXXI, 3-62, 6, 8, 10, 11, 21, 29.
	» » » » » 2579	40, 50.
	» » » » » 14522	XIX.
	» » » » » 14885	XIX.
	» » » » » 16528	14, 22.
	» » » » » 18113	XXXIII, 48, 59.
ROME,	Bibliothèque vaticane, cod. lat. 10754	XX.
ROUEN,	Bibliothèque de la ville, cod. 1419	XXVIII.
SAINT-OMER,	Bibliothèque publique, cod. 141	XVI, 23, 26, 27, 29-31, 33, 46.
TROYES,	Bibliothèque de la ville, cod. 425	30.

TABLE
DES *AUCTORITATES* PAR *INITIA*

Les citations marquées d'un astérisque n'ont pas pu être identifiées.

Homicidium adulterio addidit. 48.
Homo creatus est ut damnum angelice ruine repararetur. 25.
Homo est creatus ne iminutus esset numerus angelorum... 25.
Homo est Deus. 33.
Homo est unitus Deo. 33.

Idem est Deo scire futura quod esse. 32.
Ihesus intravit urbem cum laudibus ut incitaret... 21.
Ille homo qui provocat hominem ad iurationem... 3.
Inperavit Deus celo, et misit Heliam... 18.
In baptismate peccata solvuntur... 10, 49.
Incertum est, illos (sanctos) scire nos eos orare. 55.
In quacumque hora ingemuerit peccator... 37.
In unaquaque causa quatuor debent esse persone... 53.
Ipse scit cuius sunt vie misericordia et veritas. 11.
Iterum atque iterum considerans invenio... 47.

Lex confessos in iure pro damnatis habet. 51.
Licencia irascendi causa est homicidii. 43.
Longiturnitas temporis non aufert peccatum... 41.

Maius est perdita restaurare quam creata conservare. 19.
Monacum aut paterna devocio aut propria professio... 57.
Minimum distat in vicio... 40.

Nichil est nisi corpus alicubi... 9.
Nichil quod commune sit trium personarum incarnatum est. 27.
Nichil refert utrum ipsi sciant... 55.
Non ait, qui venisti, quasi dicat... 10.
Nondum enim legeram, Superbia eorum... 7.
Non effugatur gemitus columbe delicto ministrantis. 42.
Non est ratum coniugium quod in Deo non fit. 49.
Non omne coniugium a Deo... 48.
Non omnino non voluit. 6.
Non potest quis gratiam quam peccando amiserat... 38.
Non purgatur peccatum, nisi restituatur ablatum... 41.
Non visos possumus diligere vel odisse... 34.
Nullius conscientia Deum odisse potest. 7.

Obsecrare opus est iusticie. 61.
Omne peccatum adeo est voluntarium... 5, 6, 47.

Pari pena plectendi sunt qui... 41.

Peccata sunt usure, ubi plus est in suppliciis... 34.
Preses dixit. 7.
Prodest (orare sanctos). 55.
Proposuit fines Iudee non excedere... 11.
Puelle que non coacte parentum inperio... 58.

Quanto enim per quod iuratur magis sanctum est... 4.
Quantum valet fides propria apud Deum... 56.
Quem progenitores ad monasterium tradiderunt... 57.
Quicquid in Deo est, Deus est. 23, 30.
Quicumque a parentibus propriis... 57.
Qui dicit se peccatorem cum non sit... 45.
Qui non crediderit hominem denuo assumtum... 31.
* *Qui per molem corpoream nusquam est...* 9.
Qui publice peccat, publice peniteat. 54.
Quod Iohannes evangelista miraculum panum scripturus... 14.
Quod vi metusve causa factum est... 6.

Regnum celorum non est dantis, sed accipientis. 19.

Si contemplatio vertitur in tedium... 43.
Si contingit iurare, per Creatorem iurabis... 4.
Sicut crudelis et inpius est, qui castam uxorem... 53.
Sicut non possunt non evenire que futura sunt... 43.
Sicut qui monasteria elegerunt... 57.
Si non dimiseritis ex corde... 37.
Si queratur a me, utrum homo sine peccato possit esse... 32.
Sola fornicationis suspicio vincit affectum... 53.
Solum Verbum Dei peccati iudex est... 37.
Spiritus Creator nec loco nec tempore movetur... 9.
* *Substantia Patris et Filii et Spiritus Sancti incarnata est.* 26.

Tempora variata sunt, fides eadem... 46.
Tremebunt angeli in adventu Domini. 26.
Tolle iram et homicidium non fit. 43.

Ubi est inpar coniugium, lex Dei non est. 48.
Ut illi qui nesciverunt se baptizatos... 42.
Ut quod specie sumimus, rerum veritate capiamus... 22.
Ut si quis rem alterius inconcusse... 41.
Uxor legitima societate coniuncta viro... 48.

Verbum postquam semel assumsit hominem, nunquam ipsum
deposuit. 31.

LISTE DES OUVRAGES CITÉS

ANDERS, F. — *Die Handschriften der* Summa Trinitatis *des Robert von Melun,* dans *Der Katholik,* t. XCIV, 1914, pp. 267-271.

— *Die Christologie des Robert von Melun,* Paderborn, 1927.

BARDY, G. — *La littérature patristique des* Questiones *et* responsiones *sur l'Ecriture sainte,* dans la *Revue biblique,* t. XLV, 1932, p. 210-236.

CHOSSAT, M., S. I. — *La Somme des Sentences, œuvre de Hugues de Mortagne, vers* 1155. (Spicilegium Sacrum Lovaniense, fasc. 5) Louvain, 1923.

CLAREMBAULT D'ARRAS. — Voir *ci-dessous,* JANSEN, W.

DE GHELLINCK, J., S. I. — *La réviviscence des péchés pardonnés,* dans la *Nouvelle Revue Théologique,* t. XLI, 1909, pp. 400-408.

— *Le mouvement théologique du* XIIe *siècle,* Paris, 1914.

DEMPF, A. — *Die Hauptform mittelalterlicher Weltanschauung,* Munich, 1925.

DENIFLE, H. — *Die Universitäten des Mittelalters,* t. I, Berlin, 1885.

— *Die Sentenzen Abaelards und die Bearbeitungen seiner* « Theologia », dans *Archiv für Litt. - und Kirchengeschichte des Mittelalters,* t. I, Berlin, 1885, p. 609.

— *Die abendländischen Schriftausleger bis Luther über* Iustitia Dei (Rom., I, 17) *und* Iustificatio, Mayence, 1905.

DU BOULAY, C. D. — *Historia universitatis Parisiensis,* t. II, Paris, 1665, pp. 585-628, 772.

DU CANGE. — *Glossarium mediae et infimae latinitatis.* Niort, 1883-1887.

FOURNIER, P. — *Études sur Joachim de Flore et ses doctrines,* Paris, 1909.

FRIEDBERG, AE. L. — *Decretum Gratiani*, dans *Corpus Iuris Canonici*, t. I, Leipzig, 1878.

GERVASE DE CANTORBÉRY. — *Historical Works ;* édit. W. Stubbs, 1879-1880.

GEYER, B. — *Die* Sententiae Divinitatis, *herausg. und historisch untersucht.* (Beiträge zur Geschichte der Philosophie des Mittelalters, t. VII, fasc. 2), Munster, 1909.

— *Die alten lateinischen Uebersetzungen der aristotelischen Analytik, Topik und Elenchik*, dans *Philosophisches Jahrbuch*, t. XXX, 1917, pp. 25-43.

— *Der Begriff der scholastischen Theologie*, dans *Festgabe* Dyroff, Bonn, 1925.

— *Die patristische und scholastische Philosophie* (Uberweg's Grundriss der Geschichte der Philosophie, t. II), Berlin, 1928.

GIETL, A. — *Die Sentenzen Rolands*, Fribourg, 1891.

GRABMANN, M. — *Die Geschichte der scholastischen Methode*, t. II, Fribourg, 1911.

— *Note sur la Somme théologique de* Magister Hubertus, dans *Recherches de théologie ancienne et médiévale*, t. I, 1929, pp. 229-239.

GRATIEN. — *Decretum*, Voir *ci-dessus*, FRIEDBERG.

HAURÉAU, B. — *De la philosophie scolastique*, Paris, 1850.

— *Histoire de la philosophie scolastique*, Paris, 1872.

— *Robert de Melun*, art. de la *Nouvelle Biographie nationale*, t. XLII, 1852, p. 375.

HERMANNUS, mag. — *Epitome theologiae christianae* ; édit. F. H. RHEINWALD, Berlin, 1835 (PL, CLXXVIII).

JANSEN, W. — *Der Kommentar des Clarembaldus von Arras zu Boethius* De Trinitate, herausg. und historisch untersucht (Breslauer Studien zur historischen Theologie, t. VIII), 1926.

JEAN DE SALISBURY. — *Historia Pontificalis* ; édit. R. L. POOLE, Oxford, 1927.

— *Metalogicon* ; édit. CL. WEBB, Oxford, 1929.

KINGSFORD, CH. L.—*Robert of Melun*, art. du *Dictionary of National Biography*, t. XLVIII, p. 366-368.

LACOMBE, G. — *Studies on the Commentaries of Cardinal Stephen Langton*, dans *Archives d'histoire doctrinale et littéraire du moyen âge*, t. V, 1930, pp. 1-151.

LACOMBE, G. et LANDGRAF, A. — *The* Quaestiones *of Cardinal Stephen Langton*, dans *The New Scholasticism*, t. IV, 1930, pp. 115-164.

LANDGRAF, A. — *Some unknown writings of the early scholastci period*, dans *The New Scholasticism*, t. IV, 1930, pp. 1-22.

— *Zur Lehre der Gotteserkenntnis in der Frühscholastik*, dans *The New Scholasticism*, t. IV, 1930, pp. 261-288.

— *Studien zur Erkenntnis des Uebernatürlichen in der Frühscholastik*, dans *Scholastik*, t. IV, 1929, *passim*.

— *Die Erkenntnis der helfenden Gnade in der Frühscholastik*, dans *Zeitschrift für katholische Theologie*, t. IV, 1931, *passim*.

— *Kindertaufe und Glauben in der Frühscholastik*, dans *Gregorianum*, t. IX, 1928, pp. 497-543.

— *Eine neuentdeckte Summe aus der Schule des Praepositinus*, dans les *Collectanea Franciscana*, t. I, 1931, pp. 290-318.

—*Familienbildung bei Paulinenkommentaren des 12.Jahrhunderts*, dans *Biblica*, t. XIII, 1932, pp. 169-193.

LEFÈVRE, F. — *Les Variations de Guillaume de Champeaux et la Question des Universaux*, Étude suivie de documents originaux. *(Travaux et Mémoires de l'Université de Lille*, t. VI), Lille, 1898.

LOTTIN, O., O. S. B. — *Les éléments de la moralité des actes*, Louvain, 1923.

— *La théorie du libre arbitre, depuis S. Anselme jusqu'à S.Thomas d'Aquin* (Extrait de la *Revue thomiste*, 1927-1929). Louvain, Abbaye du Mont-César, 1929.

MANDONNET, P. — *S. Thomae Aquinatis* Quaestiones disputatae, Paris, 1925. Introduction.

—*Saint Thomas d'Aquin créateur de la Dispute quodlibétique* dans la *Revue thomiste*, t. XV, 1926, pp. 477-506 ; t. XVI, 1927, p. 5-38.

— *L'enseignement de la Bible « selon l'usage de Paris »* dans la *Revue thomiste*, t. XVIII, 1929, pp. 489-519.

— *Compte-rendu* d'un article de LACOMBE et LANDGRAF, dans le *Bulletin thomiste*, t. VIII, 1931, pp. 232-234.

MANSI, — *Sacrorum conciliorum nova et amplissima Collectio*, t. XIV et XVIII.

MARTIN, R. M. — *L'œuvre théologique de Robert de Melun*, Étude d'introduction, dans la *Revue d'histoire ecclésiastique*, t. XV, 1914, pp. 456-490.

— *La nécessité de croire le mystère de la Très Sainte Trinité, d'après Robert de Melun*, dans la *Revue thomiste*, t. XXI, 1913, pp. 572-578.

— *Les idées de Robert de Melun sur le péché originel*, dans la *Revue des sciences philosophiques et théologiques*, t. VII, 1913, pp.

700-725 ; t. VII, 1914, pp. 439-466 ; t. IX, 1920, pp. 103-120 ; t. XI, 1922, pp. 390-415.

— *La nécessité de croire au mystère de l'Incarnation (d'après des documents inédits du* xii*e siècle)*, dans la *Revue thomiste*, 1920, pp. 273-280.

— *Un texte intéressant de Robert de Melun* dans la *Revue d'histoire ecclésiastique*, t. XXVIII, 1932, pp. 313-329.

MATHOUD, H., O. S. B. — *Observationes ad Robertum Pullum*, dans MIGNE, PL, CLXXXVI, 1015 *et suiv.*

MIGNE, J. B. — *Patrologiae cursus completus.*
Série latine, Paris, 1844-1855.
Série grecque, Paris, 1857-1866.

MORGOTT, Fr., *Robert von Melun*, art. du *Kirchenlexicon*, 2e édition, t. X, 1222-1224.

NOYON, A., S. I. — *Inventaire des écrits théologiques du* xii*e siècle non insérés dans la Patrologie latine de Migne* [Extrait de la *Revue des Bibliothèques*, t. XXII, 1912], Paris, Champion, 1912.

— *Notes bibliographiques sur quelques théologiens du moyen âge*, dans *Recherches de science religieuse*, t. V, 1914, p. 551-553.

ODON D'OURSCAMP ou DE SOISSONS. — *Quaestiones*, dans PITRA, *ouvr. cit. ci-dessous*, pp. 3-187.

OSTLENDER, H. — *Peter Abaelards Theologia und die Sentenzenbücher seiner Schule* (Breslauer k.-theol. Dissert.), 1926.
— *Sententiae Florianenses* (Florilegium patristicum, fasc. XIX), Bonn, 1929.

PELSTER, Fr., S. I. — *Literargeschichtliche Beiträge zu Robert von Melun*, dans *Zeitschrift für katholische Theologie*, t. LIII, 1929, pp. 564-579.

PICAVET, FR. — *Esquisse d'une histoire générale et comparée des philosophies médiévales*, 2e édit., Paris, 1907.

PIERRE LOMBARD. — *Libri IV Sententiarum.* Quaracchi, 1916.

PITRA, J. B. card. — *Analecta novissima Spicilegii Solesmensis.* Altera continuatio, t. II, Tusculana. Typis Tusculanis, 1888.

ROBERT, G. — *Les Écoles et l'enseignement de la théologie pendant la première moitié du* xii*e siècle*, Paris, Gabalda, 1909.

SCHAARSCHMIDT, C. — *Johannes Saresberiensis nach Leben und Studien, Schriften und Philosophie*, Leipzig, 1862.

VACANDARD, E. — *Vie de saint Bernard*, Paris, 1920.

TABLE DES CITATIONS

I. — CITATIONS BIBLIQUES

II. — Citations patristiques

Le signe † placé devant un nom d'auteur indique qu'il s'agit d'une fausse attribution de texte.

XVII	60		S. Léon, pape	
XLVIII	48		*Epistula* 90	57
LVI	18			

			† Origène	37
Ps.-Chrysostome			(V. *Abélard*)	
Opus imperf. in Mat-				
thaeum,			Vigile de Tapse	
XII	4		*De Trinitate,*	
XIII	14		VI	31
XXXII	53			

			Yves de Chartres	
† Jean Chrysostome 38			*Decretum,*	
(V. *Chromace*)			I, 162	51
			VIII, 251	48
S. Jérome			X, 4	41
In Evang. Matth.			X, 174	54
Commentarium,			XII, 28	3
I, 5	3		35	4
11	10		25	41
16	16, 17		XV, 46	54
19	53		*Panormia,*	
25	44		V, 96	42
			VIII, 108	4
† Jérome	31, 37		117	5
(V. *S. Augustin, S. Grégoire*)				

III. — Citations d'auteurs ecclésiastiques

Abélard			XLIII	9
In Epist. ad Roma-			LXIV	33
nos,			CX	42
II	6,44		CXXV	48
Ethica,			CXXVIII	53
VII	5		CXLV	47
XI	5		*Theologia,*	
XIV	6		III, 5	28, 29, 33
XX	50		*Theologia christia-*	
XXII	12		*na,*	
XXVI	37		III	12, 27, 44
Sic et Non,			IV	27, 28
XVI	27		V	28, 29
XXXV	29			

Summa Sententiarum		III, 15,	5
I, 1	47	V, 5, 6	47
11	23	VI, 11	38
14	29	14	16
15	33		

IV. — CITATIONS D'AUTEURS PROFANES

† JOSÈPHE 14   JUSTINIEN
(V, *Rufin*)   *Digestes,*
                  IV, 11   6, 7

TABLE ALPHABÉTIQUE DES NOMS
PROPRES ET DES MATIÈRES

unitus Deo, v. Jésus-Christ.

Homicide, plus grave que la fornication, 60, 61 ; est causé par d'autres péchés : par l'adultère, 48, la colère, 43.

Honorius d'Autun, 25 n.

Hubert, maître, xx.

Hugues de Mortagne, xlviii.

Hugues de Saint-Victor, v, xii, xviii, xxi, xlix, 16, 17 n., 18 n., 21 n., 25 n., 29 n., 33 n., 55 n.

Intention, et moralité des actes humains, 5.

Isidore, (S.), 23, 57.

Isidore Mercator, 27 n.

James, M. R., xvii.

Jean-Baptiste, (S.), xxxvi ; sanctifié dès le sein de sa mère, 45 ; son état d'esprit en envoyant à Jésus deux de ses disciples. 10 ; n'a pas été mis à mort en haine de la foi, 15 ; date de son martyre et durée de la vie publique du Christ, 59 ; célébration de sa fête en automne : confusion entre son martyre et le rassemblement de ses restes, 14.

Jean Chrysostome, (S.), xxxv, xlvi, 18 n., 38, 48, 53, 60.

Pseudo-Chrysostome, 4 n., 14 n., 43 n., 53 n., 60 n.

Jean de Cornouailles, ix n., xxi.

Jean d'Oxford, xii.

Jean de Salisbury, vi n., vii, viii, ix, n., li.

Jérôme, (S.), xxxv, 3 n., 10 n., 16 n., 17 n., 37 n., 44 n., 53.

Jocelin de Brakelond, viii.

Jésus-Christ, double union dans le Christ, 30 ; *Homo est Deus, Homo est unitus Deo* : sens de ces formules, 33 ; Le Christ ne cessa pas d'être homme les trois jours de sa mort, 31 ; prêtre selon l'ordre de Melchisedech, 51-52 ; oraison du Christ, son efficacité, 52 ; tentation du Christ ; vision intel-

lectuelle ou réalité extérieure, 58 ; circonstance de la tentation, 58-59 ; manducation, effet chez le Christ, 39-40 ; la transfiguration : apparence ou réalité, 17, 36 ; circonstances : présence de Moïse et d'Élie, 17-18, 36 ; durée de la prédication du Christ, 59 ; entrée triomphale à Jérusalem, but, 21 ; rédemption du Christ, sa passion, meilleur mode de, 30 ; le Christ époux et chef des âmes, des vierges folles, 28.

Jugement, justice des jugements rendus en conformité avec les décrets des Pères de l'Église. 40-41.

Justinien, xlix, 6 n., 7 n.

Kingsford, C. L., vi n.

Krueger, P., 6 n.

Lacombe, G., xliii, xliv, xlv.

Landgraf, A., xiii, xiv, xviii, xx, xxii, xxiv, xliii-xlv, 47 n.

Langton, Ét., xxxiii, xliv n., xlv n.

Lebon, J., 31 n.

Lebreton, J., 59 n.

Lefèvre, G., l, 6 n., 30 n.

Léon, (S.), pape, 57.

Lottin, O., xxiv, 5 n.

Louis XIV, xv, xxvi.

Louis XV, xv, xxvi.

Mandonnet, P., xlii, xliii, xlv.

Mariage, défendu entre parents sous la Nouvelle Loi, 39 ; mariage entre infidèles, 48-49.

Martin, R. M., xiii n., xxi, xxii, xxiii, xxv, 46 n., 47 n., 51 n.

Mathoud, H., xxv, 28.

Maurice de Sully, ix.

Melidunenses, viii.

Mensonge, notion, 44 ; en cas de promesse, 44 ; dans le but de s'humilier, 45.

Mercenaire, qui pratique le bien par seule crainte des peines éternelles, 7-8.

TABLE ANALYTIQUE DES MATIÈRES

INTRODUCTION

IMPRIMATUR :
Lovanii, 14 Iunii 1932,
† P. LADEUZE,
Rector Universitatis,
deleg.